Knowledge BASE 系列

一冊通曉　理論到實務，根於教育本質亦回應社會變化

圖解 **教育學** 修訂版

張淑娟 著　洪仁進 審訂

教育學——不斷學習與實踐的學問

口述◎洪仁進（國立台灣師範大學教育學系副教授）

文字整理◎易博士編輯部

　　人從一出生就開始接受教育，從家庭教育、學校教育，乃至畢業後在社會上接受教育，可知教育是與我們生活密切相關。但當教育成為「教育學」這一門學科時，在一般人的眼中，似乎成了教師才需要研讀的科目、或是認為這是高塔裡的知識而難以親近。

　　會有這樣的看法，其實不難理解。以我個人經驗而言，雖然在高中時代，就已經立定當老師的志向，但對於教育這個領域其實是一知半解的，對教育學更是陌生的。直到我從師大附中直升保送至台灣師範大學教育系，才有機會接觸教育學這門學科。在民國八十三年前，師範校院是培育老師的唯一管道，對於有心成為教職的青年學子，也大都是進入師範學校體系後，才對教育學有初步的認識。然而，對當時還是懵懂大一新生的我而言，學習教育學只是理論知識的累積，除了多了一些對教育工作的熟悉感，並沒有深刻嫻熟的感受。直到自己在升大四的暑假，藉由行政實習的機會，從實際教育工作中才深覺教育學所傳遞的基本理念、價值與原則，正是教育工作的核心所在，教育學的理論知識是可以實際運用在教育活動上。

　　印象最深的一次實習工作，是擔任我的高中母校—師大附中為期一週的校長，跟隨在當時的校長黃振球先生身邊，學習、觀察、體驗正式校長的工作，例如：批公文、開朝會、出席會議……等。黃校長總是在待批的公文上，先用便箋寫上意見，然後要我表達一些想法，或是在我們一同出席活動後，有時會問我對校長所扮演角色及工作的看法，並適時給予指導與提點，讓我對教育行政工作有更深入的認識與體會。

　　黃校長也是師大教育系的老師，我自師大畢業後，恰好有機會再回到大學母校工作，於是成為了黃校長的同事。但我們一直維繫良好的師生關係，我總能感受到他對我的關懷之情，也深深體驗到「一日為師，終生為父」的真諦，更印證了教育學所強調教育愛的理念。

　　教育學除了理論知識外，也包涵教育行政、政策、課程與教學等實務層面，因此了解並體察教育學的內容對教師工作的重要性不言而喻。對一般人而言，教育學也並非只是學術殿堂裡的知識，且也是生活中可以運用的概念。以當前的台灣社會來看，教育改革一直是主要政策之一，教改影響的範圍不僅是學生、老師、家長，同時也牽動國家與社會的未來發展。現代人不僅要關心教

改的來龍去脈，也應留意教育實務的發展動向。但如何培養善用教育觀點來看待教育問題，就必須借重教育學的知識與素養。

教育學是一門涵蓋哲學、心理學、社會學、教育史等四大基礎理論的學科。所包含的理論架構與實務面向豐富而多元，初入門者可能會有不知從何學起的困惑。適逢《圖解教育學》的出版，這是一本適合一般人閱讀的書。它以深入淺出的文字搭配生動活潑的圖解，將教育學的理論知識、實務內容，藉由圖文並茂的方式呈現給讀者。書中不但將教育哲學、教育心理學、教育社會學做重點式的介紹，並將教育史融會貫通於其中的各項教育課題。同時也對教育行政、教育制度、教學實務有所著墨，並帶入生活化的例子及圖例，使讀者讀來不會覺得負擔沈重，而能逐步吸收教育學的內涵。

《圖解教育學》提供了社會大眾與教育學一個對話的管道，具有學科社會啟蒙的作用，是一本能引發我們關心教育、並做為認識教育學的入門讀物。以台灣教改為例，一般大眾只看重政策方向、教學方法或策略的改進，對教育理念的真意與脈絡源起卻很陌生。因此若能對教育學有個通盤概略的了解，再去審視我們的教改內容，則會更能釐清教育改革的癥結所在。

除了一般對教育有興趣的民眾適合閱讀本書外，這本書也適合做為國、高中生的課外讀物，使他們從學習者的角色能對教育有初步的概念。另外，我特別推薦台灣的家長來看這本書，東方社會的父母向來關心教育，卻往往對學子有高度的期待，總希望子女學有所成，並將教育視為將來職業發展的準備，但卻忽略教育的本意是在培養獨立自主、身心健全的個人，藉由了解教育學的內容，相信能提供家長客觀省思教育方式與教育態度的基礎。

事實上，教育是人一生都必須接受的過程，也是代代知識相傳的方式，同時教育的發展深深影響國家未來走向，因此現代人應當體認教育本質與培養教育素養，發展出能與國家教育政策對話的能力。除了藉由閱讀書籍累積教育相關知識外，透過網際網路，瀏覽教育單位的相關網站，也可同步接收最新的教育訊息。此外，參與或多了解民間及學術教育社團，如：全國教師會、中國教育學會等所舉辦的活動，或參加教育政策的公聽會，更能深刻感受到教育落實的方向與目標。

面對二十一世紀這個邁向知識社會的時代，知識的學習不再侷限於學校、教室中，終身學習的概念逐漸普及於一般大眾，遠距教育、成人教育、社區教育也都蔚為風潮。事實上，不斷地學習就是接觸教育學最好的方式，真正落實「學與用」合一的理念：學習教育知識，進而實踐在教育活動之中。

洪仁進

目錄

CONTENTS

Chapter 4　什麼是教育社會學？

Chapter 5　「教育」誰來教？

目錄

概論教育行政與制度

淺談各國教育制度

多元的教育形式

教育改革與願景

Chapter
1

什麼是教育學？

教育的行為在人類社會中起源甚早，遠古時候多屬於少數人的活動，制度也不發達，更無系統的理論。時至今日，教育普及，制度完善，也有完整系統化的理論。因此，教育除了是一項概念、一項具體的作為，也包含了扎實精厚的理論和多變多元的實務，並包含各種學問在其中。

學習重點

- 教育與教育學有什麼關係？
- 教育為什麼重要？
- 符合教育活動的標準有哪些？
- 教育口號與隱喻有什麼功能？
- 教育學是一門「科學」嗎？
- 教育學涵蓋哪些範圍？
- 如何研究教育學？

教育學是什麼？

人從一出生，就開始不停地學習。學齡期開始上小學、中學，然後選擇不同的教育管道。到了職場，也必須終身學習以跟上社會的脈動。教育為百年大計，不僅影響個人的發展，也影響整個社會的發展。教育與我們息息相關，在認識教育學前，先來了解教育和教育學的意義，再進一步理解兩者的關係。

教育的意義

所謂「教育」，在中國最早出現於《孟子》〈盡心篇〉提到的「君子有三樂」，其一便是「得天下英才而教育之」。根據《說文解字》的解釋，「所謂教，乃是上所施，下所效也；育，養子使作善也」。由此可知，教育在古代的中國是指：在上位者以良好的榜樣提供在下位者模仿，使在下位者能表現出良善的行為。在西方，教育的英文與法文皆為education，字源來自拉丁文educare，其原意為養育或引出之意，也就是用引導的方式將潛能開發出來。所以，「教育」是以合情合理的方式與內容，引導人發揮潛能，使其成為一個真、善、美兼備的人。

教育學的意義

教育學，顧名思義就是研究教育理論與實務的一門學科。因為教育含括了與人有關的理論內涵與實務活動，因此，教育學可說是一門價值性與實踐性並存的學術領域，而非僅是純理論思考或純事實認證的科學。簡言之，教育學是一門依據教育理念或教育事實，藉由教育理念與教育事實的相互檢驗，建構教育原理並解決教育問題的一門整合性學科。

教育與教育學的關係

就時間上而言，教育的事實自有人類以來就有，可說與歷史共存；而教育學的學術研究，則是近一兩百年才有較具規模、系統的理論與著作提出。就邏輯上而言，教育是一種理念、現象、事實，教育學則是系統的理論。換言之，教育學是教育的理論與實施的原理原則，而教育則是教育學的具體實踐，兩者相輔相成。在現實中，教育與教育學兩者應互相為用，將不良善的教育理論與實務加以修正，以達到使人良善的教育意義。

在人類豐富的生活世界中，人們在不知不覺中會透過許多不同的方式累積經驗，習得語言，組織個人的觀念與價值，這些社會化的

教育小百科

- 歐洲教育之父、平民教育之父：斐斯塔洛齊
- 中國現代教育之父：蔡元培
- 幼稚園教育之父、幼兒之友：福祿貝爾
- 教育學之父：赫爾巴特
- 比較教育之父：朱利安
- 成人教育學之父：諾爾斯

過程都是廣義的教育；而經由有組織的環境，提供有計畫的內容，達到特定的教育目的，則為狹義的教育，通常是指學校教育。因此，如何在非正式和正式，偶發和有意的教育之間取得適當的平衡，就是教育的基本考驗。

簡單來說，教育是一種使人向善、發揮潛能的歷程與結果；而教育學是研究與教育相關的人、事、物，所彙整的系統性知識。由於教育一詞隱含了正向的價值取向，所以教育學的研究也是希望透過系統性的研究，能提出積極性的教育理論，協助教育的實務變得更好。

教育與教育學的意義及關係

知識
經驗

教育

生活環境

在生活環境中，藉由自己與他人或環境的互動，而習得經驗與知識的過程。

計畫
內容

特定環境

在安排的環境與組織中，透過適當的教育人員，提供有計畫的內容，進而達到教育目標的過程。

教育學的具體實踐　　理論與實施的原理原則

教育學

研究教育理論與實務，以建立教育原理原則、與解決教育問題的一門整合性學科。

教育與教育學的區別

項目	時間上	邏輯上	現實中
教育	自古即有，與歷史共存	理念、事實	相輔相成、相互為用
教育學	近一、兩百年出現系統的理論、著作	系統的理論	

人為何要接受教育？

從人類社會的實際行為可以看出，教育實務的發展早於教育理論的發展，教育的事實幾乎自有人類就有，與人類的歷史共同發展。但為何人類要接受教育呢？教育的發生，乃是為了因應人類的需求，維持人類的生存與發展。

教育的功能

記得《魯賓遜漂流記》這個故事、或是湯姆漢克斯主演的《浩劫重生》這部電影嗎？遠古時候的人，為了要求生存，總會努力用盡各種方式讓自己能生存下來，只要知道謀生的方法，就會透過各種方式跟親朋好友、或自己的下一代說明，讓他們也能以此生存下去，這就是教育的發生緣由。而這些生存方式經過時間累積，形成各種領域的知識，並透過有計畫的教育方式傳授給人們，讓人們有基本的生存能力；一旦面臨問題，便能從學得的知識換取自己生存的能力。或從問題中，激發自己的潛能，讓自己的生活能臻至美善。

簡單來說，教育具有以下三項功能：一是讓人類了解自己、他人與環境，並培養生存的能力；二是啟發個人的潛能、提供自我實現的機會；三則是傳遞社會制度、文化資產，使人類的經驗得以延續與創新。當然，除了上述三項主要的教育功能外，教育還有一些較為制度化的功能，像是為國家培養各類人才，維繫社會安定、促進國家的發展等。

教育是人類文明進步的力量

在一般人的觀念裡，大多認為教育就是在學校裡上課。只要在學校，不管怎麼教，都是在接受教育。更有些人把接受教育的目的視為考進更好的學校，只著眼於升學率。教育並不是只有升學率、或學校上課等這樣狹隘的意義。在傳統社會中，靠著長輩口耳相傳、或師徒制的方式延續著經驗、語言；而現今文明社會，有制度化的學校教育與多元的教育形態，教育著重的是它的本質意義，即是讓人能發揮潛能、培養生存能力的一種正向、積極的活動。

「教育」這名詞只在人類社會中才有，因為人具有可教性，使得人能將其經驗、語言、文化不斷傳遞、延續、更新，人類藉由教育活動，使個人和人類能持續生存發展，社會文化也能永續傳遞。人類文明之所以能不斷進步，教育實為一項重要的力量。試想，如果沒有教育，我們現在會是生活在怎樣的一種社會之中，也許還是跟猩猩一樣住在叢林或洞穴呢！

一般人對教育的誤解與澄清

教育的功能

➤ 讓人了解自己、他人與環境，並培養生存的能力。

➤ 啟發個人的潛能、提供自我實現的機會。

➤ 傳遞社會制度、文化資產，使人類經驗得以延續與創新。

➤ 為國家培養各類人才以維繫社會發展。

澄清   提醒

? 教育誤解與迷思

➤ 把學校教育當做是全部的教育。

➤ 把書本教育或知識傳授當做教育的全部。

➤ 把不懲罰當做教育愛的表現。

! 教育窄化的警訊

➤ 教育目標愈來愈趨向就業考量，重實用技術，輕人文思想。

➤ 教育目標只求適應社會，不求改造社會，導致青年學子容易迷失於社會洪流及傳播媒體的不當催化中。

➤ 因升學主義、文憑取向的狹隘價值觀，使得教育成為個人過度競爭與學習的環境。

教育的規準有哪些？

由於社會對教育有太多泛泛不一的定義與用法，因此當代有學者提出教育的規準來澄清與分析教育的定義，做為界定及推行教育的依據。凡是符合這些教育規準的活動，就是教育活動；反之，則是違反教育或非關教育的活動。

教育三大規準

英國教育分析哲學家皮特斯曾揭櫫教育的三大規準，即為合價值性、合認知性、及合自願性。簡要說明如下：

◆**合價值性－正向發展**：教育的合價值性，是指教育的內容必須是合理、可取得、具正面價值的，必須考量是否對受教者有幫助，只有符合這些價值，才能稱之為教育、或具有教育意義的活動。這裡所謂的價值，尤其重視道德價值，凡悖離道德倫理的活動，皆不能稱為教育活動。

◆**合認知性－客觀真實**：教育的合認知性，是指教育活動所教的內容，必須合乎真理、知識的判準。在現今知識爆炸、資訊氾濫的年代，教育所精選、傳授的教材內容，應該是有組織、有系統的知識或原理原則，讓學習者能真正了解內容，而不是死背硬記或囫圇吞棗，更重要的是培養受教者批判思考或創造論述的能力。

◆**合自願性－自由意志**：所謂合自願性，就是指教育過程必須尊重受教者的自由意願與身心成熟度，而不能用高壓手段、或強迫灌輸的方式逼迫受教者學習。西方有句諺語：「你可以把馬拉到河邊，但是卻不能強迫牠喝水」，只有在受教者有意願時，並配合受教者的身心發展狀態，善用教育方式，才能進行有效的教育。

教育的理想是否能實現，就在於上述這三項教育規準。當然，也有學者曾經批評過皮特斯所提出的教育三大規準過於理想。不過，先不管他是否過於理想，我們可以把這三大規準當做一項思考的基準，來檢視現今社會上的各種教育或教育內容，究竟是教育？還是反教育？還是非教育？凡此皆值得我們細細深思。

教育、非教育與反教育的差別

- **教　育**：合乎上述三項規準，可協助人激發與實現生命潛能，並增強人對自己的肯定與自信的活動。
- **非教育**：不太合乎上述規準，沒有發揮教育在正向或負向作用的活動。
- **反教育**：完全違背上述規準，阻礙人的潛能發展，破壞個人自尊與自信的活動。

教育的三大規準與範例

教育規準	教育活動	非教育活動
合價值性 具有正面價值的教育內容。	在文學課程中，教授文學經典，增進理解與鑑賞的素養。	在生活課程中，教導學童自殺的步驟。
合認知性 合乎真理、知識的原理原則。	教授天文學、地理學、化學，培養求真問實的知能。	占星術 風水學 鍊金術
合自願性 依受教者的意願及程度施教。	依受教者年齡與意願，選擇適當方式教授唐詩三百首。	強迫各年級學生死背唐詩三百首。

教育規準達成分析表

活動類別	說明	教育規準		
		合價值性	合認知性	合自願性
教育	教育是引導人走向善、求好的歷程，是有意義的活動。	高	高	高
教學	教導者透過適當安排促使受教者學習的過程。	不一定	不一定	高
訓練	為了使個體習得預期的行為、或身心狀態而進行的練習。	不一定	低	低
灌輸	為達某種教育目的而執行的強制學習活動。	不一定	低	低

教育的口號與隱喻

美國教育分析哲學家謝富勒認為教育語言主要由三種形式組成：教育術語、教育口號、教育隱喻。教育術語做為學術語言有著較為清晰的涵義和明確的規定；教育口號一般是非系統化的詞語，在表述方式上較教育術語來得不嚴謹；教育隱喻則是借助於類似、對比和相近的詞語來論述教育。

鼓動人心的教育口號

一般生活中，我們較常接觸到教育的口號與隱喻，因此要釐清術語、口號、隱喻等不同語言用詞，以免陷入語言的迷宮。

口號是以簡短的話語來鼓動人心。教育口號的形成是由於政治人物或教育學者為宣揚其教育主張或理念，而常會有誇張或絢爛的包裝，一般人若不細察，容易被口號所鼓動。教育口號常具有其特殊的情緒意義，並不能等同於教育常理，因此，分析教育口號背後代表的意義，也就有助於釐清教育的概念。舉例而言，教育口號有：

◆「學校已死！（School is dead!）」這是反學校化教育理論所提出來的教育口號，藉以批評傳統學校的弊病，對抗學校化的教育觀。

◆「我們是在教兒童，不是在教書本（We teach children, not subjects.）」、「我們是在教書本，而不是在教兒童（We teach subjects, not children.）」。這是兒童中心論者與課程本位論者各自提出的教育口號。

◆近年常喊出的教育口號有：

「發展多元智能」、「實施小班小校制」、「追求卓越」、「國教向下延伸」、「教育從零歲做起」、「教育鬆綁」……等等。

增強說服力的教育隱喻

有時教育口號會藉由教育隱喻來增強其情緒感染力與說服力，教育學者也會藉由類似、對比或相近的方式，以自然界的事物、現象來比喻抽象難解的教育歷程或方法，讓一般人了解教育的原理原則。然隱喻的用法也需適可而止，以免讓人對教育有認知上的迷失與困惑。常見的教育隱喻有：

◆「接生的隱喻」：意謂教育即接生，教育的過程就像產婆為產婦接生一樣，教師是心靈的產婆，引導開發受教者的心智能力與品德。

◆「塑造的隱喻」：意謂教育即塑造，教育是心靈與人格的塑造。

◆「雕刻的隱喻」：意謂教育即雕刻，指教育的過程就像雕刻家雕琢一塊美玉一般，教師是受教者心靈或人格的雕刻師，並非雕琢無生命的石頭。

◆「生長的隱喻」：意謂教育即生長，指教育的過程就像園丁栽培花木。十年樹木，百年樹人，即為此意。

上述四種教育的隱喻，各有特點，也有其限制與缺點。教育隱喻並非在為教育做客觀的定義，只是擬似的比喻描述，有時也做為教育口號的宣傳之用。如果要真正了解、研究教育，務必釐清教育口號與隱喻的適當用法，才能真正掌握教育的意涵。

常見的教育口號

教育改革　開放教育　教育鬆綁

我們是在教兒童，不是在教書本

我們是在教書本，而不是在教兒童

國教向下延伸、教育從零歲做起

追求卓越

贏在起跑點

教育隱喻說明

類別	意謂	優點	缺點及限制
接生的隱喻	【教育即接生】教育的過程就像產婆為產婦接生一樣。	承認教育的有限性，強調教育是由內而外的發展，學生具有先天的能力，教師需以良好的教育方式引導出來。	已先設定人有天生的觀念，趨於形而上的假設，無法客觀的驗證，只能當做教育信念，而非真的教育知識。
塑造的隱喻	【教育即塑造】教育是心靈與人格的塑造。	肯定教育的功能，可隨心所欲的塑造受教者的人格與心靈。	漠視了人類先天與後天身心能力與氣質的差異，忽視個人的主動性與差異性。
雕刻的隱喻	【教育即雕刻】教育的過程就像雕刻家雕琢一塊美玉一般。	承認每個人的差異，教育必須因材施教。	過分強調由外而內的訓練，忽視個人的自主性與開展性。
生長的隱喻	【教育即生長】教育的過程就像園丁栽培花木。	強調受教者有機的生長，當做學習的主體，顧及其主動求知的興趣與需要。	生長蘊含有生老病死的歷程。但教育的歷程是持續的、精益求精的求好與向善。

教育學的性質及發展過程

教育可以是名詞、動詞、也可以是形容詞。康德曾說，人是唯一需要接受教育的動物，其他動物則恃其本能為用，唯人需受教育方足以為人。理想的教育內容，應包含認知、情意、技能三部分，而適切的教育學，則必須包含理論與實務，兼顧經驗、詮釋、與批判三個角度，才能領悟教育的全貌。

教育學的早期發展

　　教育由行為事實而進入研究，於是出現教育理論。教育理論使教育從實際應用進入學術探討，而成為一門學問。教育學的英文為Pedagogy，係由拉丁文paidag gos而來，原意是指跟著學童後面走、引導學童的人。換言之，Pedagogy是指引導學童的方法。現今所謂的教育學，其意為教育之科學。然而教育學究竟是一門科學？還是一門哲學？學者持續爭論中，未見定論。

　　最早對教育進行反省思考的，應屬古希臘哲學家蘇格拉底與柏拉圖等。而以人類發展有關的教育問題為研究對象，做有組織的探究，則以十七世紀歐洲的康米紐斯所著的《大教授學》為開端，書中內容包含教育目的論與學校制度論。近代歐洲的教育思想，可由盧梭的《愛彌兒》為代表，盧梭認為兒童的本性是善良的，教育只需依循自然順序，將兒童的潛能引導出來即可。至十八世紀末，德國學者赫爾巴特出版《普通教育學》一書，將教育的實務與理論提高至學術體系的教育學地位。

教育學成為一門科學

　　到了十九世紀，各類學派的教育學蓬勃發展。十九世紀末，法國學者涂爾幹對於各類教育學潮流，進行研究方法論的批判，他認為教育是一種社會事實，教育學要成為科學，必須進行實證研究。至此相對於美國由杜威等所倡的美國教育科學運動，則開始對教育事實進行客觀的研究。杜威於一九二九年出版《教育科學之根源》則要求教育實務與理論依循設立假設、實證研究的過程進行研究，而後，美國開始發展有組織的教育研究，教育學的科學性更臻成熟。

　　教育學的概念隨著時間發展愈趨複雜與多元，在一般人的認知中，常將教育學視為「教學的科學」，這樣的認知容易窄化了教育學的意涵及內容。二十世紀後，愈來愈多的理論對教育進行闡述，隨著社會的發展，也愈來愈多教育實務促使教育理論進行沿革。面對二十一世紀的挑戰，由於社會多元化和教育的多樣性歷程，教育學未來，仍會在理論與實務間，為架構出科學性的知識而努力，並廣納多元的學門知識，企圖形成一門科際整合的學術學科。

教育學發展過程

十七世紀

教授學的成立
以1657年康米紐斯所著《大教授學》為開端，書中內容包含教育目的論與學校制度論。

十八世紀

系統教育學的創始
德國學者赫爾巴特在1806年出版《普通教育學》一書，將教育的實務與理論提高至學術體系的教育學地位。

十九世紀

由教育學至教育科學
- 法國學者涂爾幹對於各類教育學潮流，進行研究方法論的批判。
- 由杜威等所倡導的美國教育科學運動，開始對教育事實進行客觀的科學性研究。

二十世紀

科際整合的教育學蓬勃發展
- 出現了重視理論與實務結合的行動導向教育學、反對系統性教育學的後現代教育學……等，使得教育學研究呈現多元風貌。
- 強調教育理論也是一種社會理論，將教育視為批判社會、解放人性的一種過程。
- 批評詮釋性的教育學研究過於主觀，以強調客觀性科學研究的教育研究，主導教育學的發展。
- 開始思考自然科學和人文科學的差異，詮釋學和現象學的教育研究興起。

二十一世紀

多元發展的教育學
- 多元典範教育學並立，教育學延伸為科際整合的研究領域，因應社會變遷、全球化趨勢，推動更多元的發展。

教育學研究哪些內容？

由於教育學包含實務與理論，必須整合不同學科知識的學術研究，所以教育學涉及的面向相當廣泛。教育是以「人的學習」為主體，因此教育學理論的建構，需要將學習者的「學習」視為重心，再把研究成果應用於教育的實務上，這樣才能建構出以教育為出發點的教育學理論體系。

教育學的四W一H

整個教育學理論涉及了「Why」（為什麼要接受教育？）、「What」（學什麼？）、「How」（如何教？）及「Where & When」（何處、何時接受教育？）等重要問題，貫串這些問題的基礎理論，就是心理學、社會學、哲學、人類學等學科理論。

接下來進一步說明教育學涉及的研究問題：

◆**Why為什麼要接受教育？**

這個問題主要在探討教育的本質、目的、功能等方面，這也是從事教育工作者必須釐清的一項問題，因為教育者需具備此一基礎知識與理念，才能有正確的教育觀來傳授知識、教育受教者。

◆**What學什麼？**

這問題關乎教育內容的問題，如何將生活世界的知識加以組織成有系統的課程教導給受教者，讓受教者能藉由學科知識間的統整來建構自己的知識體系，並藉此開展潛能。

◆**How如何教？**

以教育者的角度來看，這是教學上的問題，除了要考量受教者的身心發展狀態及知識程度外，還可運用身教、言教，以及環境與文化形塑的潛在教育等教學方式。但就受教者的立場，則是學習方法的問題，除了學校學習外，終身學習也是不可或缺的學習能力。

◆**Where & When何處、何時接受教育？**

現今教育不侷限學齡學子才能參與學習活動，也不侷限教育活動只是在學校、教室中發生。在終身學習的理念下，學習發生在所有的年齡層，學習場所在生活的每一處，所以拓展學習的可能性，也是值得研究的一環。

教育學的範圍

整個廣義的教育學包含教育科學所管轄的學術領域，包括：教育學、教育哲學、教育心理學、教育行政學、教育史、比較教育學、教育社會學、教育經濟學、教育財政學、教育統計學、教育工藝學、學校衛生學、教育未來學、學科教育學、教育研究法……等。除了上述的教育學內容外，還可依教育對象區分為：幼兒教育學、小學教育學、中學教育學、高等教育學、成

人教育學、高齡者教育學、特殊教育學等；或以教育途徑區分為：學校教育學、家庭教育學、社會教育學、社區教育學、專業職業教育

學、遠距教育學、終身教育學等。隨著現代科學知識的分化與融合，各學科之間相互補強，構成一個科際整合的教育學系統。

教育學知識系統

教育實務

以教育對象區分
幼兒教育學、小學教育學、中學教育學、高等教育學、成人教育學、高齡者教育學、特殊教育學

以教育途徑區分
學校教育學、家庭教育學、社會教育學、社區教育學、專業職業教育學、遠距教育學、終身教育學

應用、檢證

教育學理論

知識論
・課程理論　・教材分析
・教育經濟學　・教育政治學

教育本質論
・教育哲學　・教育史
・教育思想　・教育心理學
・教育社會學　・教育研究法

教育行政學
・學校制度　・組織管理
・教育制度　・教育改革
・比較教育

教師專業
・教師培訓　・教學理論
・多元評量　・班級經營
・輔導理論　・學習方法

研究 →

教育學的研究內容

Why 為什麼要接受教育

What 學什麼

How 如何教

Where & When 何處、何時接受教育

建構

 教育學理論基礎

← 人類學　心理學　哲學　社會學　行政學

怎麼研究教育學的內容呢？

由於教育是一個多樣態的互動歷程，除了教育理論是一門科際整合的學科知識外，教育實務更是由各個環節共同交織而成的複雜情境，理論與實務間相互影響與交流，所以要對教育進行研究，也是一門複雜多元的知識與工作。

什麼是教育研究？

所謂研究是一種科學化的方法，經由觀察或考驗而蒐集資料，加以分析，以建立原理原則，並解決問題。從教育的實務狀況而言，教育是一個錯綜複雜的社會制度，若要建立客觀的原理原則、或探求解決教育問題的方法，則需要透過適當的科學方法架構教育研究的基礎。因為教育所研究的對象為「人」，人不能當做無生命的物質加以操弄，且每個人都具有特殊性與差異性，所以教育研究與科學研究在本質及意義還須有所區別，才能以客觀、正確的方式透視真相，獲得結果。因此，所謂的教育研究是指運用適當的科學方法，對教育理論或教育實務進行客觀、系統、實徵及詮釋性的驗證與發現，據以獲得教育原理原則，或解決教育問題的一種過程。

教育研究的基本步驟

通常教育研究最常研究的問題，大致區分為兩大類問題：理論的問題，涉及教育原理與哲學的問題；另一為實際的問題，即為應用性問題，指在教育情境中可能發生的問題。

一般而言，研究的基本過程有以下五個基本步驟：確定題目或問題、提出假設、設計研究方法、蒐集資料、及整理分析提出結論。而為因應不同的研究問題與研究目的，所採行的研究方法也不同。教育研究主要使用的研究方法有量化研究與質性研究兩大類。量化研究的方法包括：調查研究法（利用電話、郵寄方式進行問卷調查，或面訪方式）、實驗研究法（妥善控制，並嚴密監控、操弄變項以獲致因果關係的方式）、相關研究法（採用統計方式探討變項間相關情形的方式）等等。質性研究的方法則包括：歷史研究法（以嚴謹態度從資料中探討歷史真相）、參與觀察法（為探求某一現象進行深入理解，獲得直接資料的一種方式）、個案研究法（對於某一研究對象或群體進行完整而深入研究）等等。

每一種研究方法均有其優、缺點與適用性，因此進行教育研究的研究者，需了解所欲研究的題目與研究目的後，再決定所要採用的研究方法，並進行研究，這樣才能獲致研究真正想獲得的結果。

量化與質性研究的比較

比較項目	量化研究	質性研究
意義	遵行自然科學典範，以統計量化方式，蒐集資料分析問題，並考驗假設獲致結論，進行推論	從自然情境中，蒐集與觀察對象有關的綜合性資料，進而分析資料間的關係和意義
哲學信念	◆經驗－分析取向 ◆鉅觀研究	◆詮釋－理解取向 ◆微觀研究
研究目標	針對測量過的事實確立關係及解釋變化的因果關係	由研究者的觀點了解社會現象
研究歷程的特性	◆有一套既定程式與步驟 ◆減少誤差、偏見和無關干擾變項	◆有較大彈性，可隨做隨改 ◆考慮資料分析和解釋的主觀性
典型研究法	諸如： 實驗研究法 相關研究法 調查研究法	諸如： 人種誌／民族誌（參與觀察法、田野調查） 歷史研究法 個案研究法 內容分析法
研究者的角色	客觀者，避免介入與偏見	浸淫在研究情境中，以訓練有素的主觀性進行研究
優點	◆可簡化複雜的現象或問題 ◆提供客觀的大量資料 ◆系統的分析方法 ◆具說服力	◆獲得量化研究所探求不到的資料 ◆資料較為深入與細緻 ◆彈性的研究方式
缺點	◆研究對象內心真正的想法不易獲得 ◆易淪為工具理性，看重的不是動機，而是效果	◆偏重單一主題，過於主觀 ◆易淪為現實合理化的工具 ◆信度、效度上的質疑
適用時機	◆需大量客觀資料時 ◆建立普遍性原理原則時	◆量化方式無法探求的細微問題時 ◆了解特殊現象或現實狀況

兩種研究取向均有其特性與優、缺點，也都無法單獨逼近事實真相。研究者需視問題需要，採行適當的研究方法、或合併使用以解決研究問題，達到研究目的。

認識教育哲學

愛因斯坦說：哲學為科學之母。所謂科學是指有系統的研究，而教育學即是針對教育理論與實務進行有系統的研究，但要了解教育學，必須先了解教育學的基礎理論之一：教育哲學，才能對教育學有一通觀的認識和掌握。

教育哲學究竟在研究些什麼呢？主要可分為兩部分：一是各派哲學思想與教育發展的關係；另一為教育哲學在教育實務上的運用。教育哲學含括範圍廣博精深、學派淵遠流長，本篇只是揀其要加以略述，先給予讀者一片森林，欲往森林探祕的讀者，可以進一步參閱其他相關的哲學與教育哲學的論著。教育哲學是一門有趣的學問，值得深入探討，尤其在當今教育定位不清的時代，更值得以哲學的觀點加以思考。

○ 哲學與教育的關係為何？

○ 哲學思潮的轉變如何影響教育目的？

○ 杜威的教育理念是什麼？

○ 不同哲學理念下的教育內容有什麼差別？

○ 批判理論對教育有什麼影響？

○ 分析哲學對教育有什麼影響？

○ 哲學信念如何影響教學方式？

○ 後現代思潮下的教育理念是什麼？

什麼是教育哲學？

教育與哲學的關係

哲學（philosophia）就希臘文的原意是指對「智慧」（sophia）的熱愛與追求，亦即「愛智」之意。隨著歷史的發展，哲學的意義也隨之不同。傳統上，將哲學視為思辯的活動，思辯宇宙與人生本質的問題；而後，哲學除了思辯價值外，也成為人類的行為規範，在客觀的認知與主觀的實踐中求取平衡；及至近世紀，主張以客觀的概念分析來釐清哲學中晦暗不明的問題。

哲學可以幫助建立教育的理論與實務，也有助於釐清教育目標與歷程，而教育工作者也需要哲學的素養，以提升教育的素質，因此杜威在其名著《民主與教育》曾說：「教育是將哲學具體化及實驗的場所」。

教育與哲學之間有著很密切的關係，依據福蘭克納的分析，大致可分為三個層面：

一、**教育中的哲學**：指一個人所接受的教育中應包含哲學這門學科，培養哲學觀念與能力。

二、**為教育的哲學**：指運用哲學中與教育有關的概念來探討教育的相關問題。

三、**教育的哲學**：指教育者應如同哲學家一般，對教育的本質、問題進行思考。

教育哲學的發展

教育與哲學兩者密切相關，因此結合哲學與教育的學問就是「教育哲學」。教育哲學這門學問的研究起源於十九世紀，一位德國的教育家羅森克藍茲於一八四八年出版德文《系統教育學》一書，而後在一八七〇年代美國教育學者波瑞克特女士，將其翻譯成英文，書名仍為《系統教育學》，但加了一個副標題：「教育哲學」，這本書在美國造成轟動，於是「教育哲學」這

蘇格拉底產婆術

蘇格拉底認為人都有先天觀念，教育的工作就是把人既有的觀念引導出來。把觀念引導出來的活動，就好比助產士接生一樣，產婦好比學生，產婆即是教師，而知識、技能與理想就像嬰兒，這就是蘇氏有名的產婆術。蘇氏強調教育不能揠苗助長或越俎代庖，老師必須像產婆一樣，用適合的方式，如發現、回憶或引出，在最適當的時機啟發學生、導出知識，讓學生自我發現。換句話說，也就是現今的「啟發式教學法」。

個名稱隨之被廣泛使用。之後，教育哲學這一門學問便在美國引起研究熱潮，成為教育學體系中的一門重要基礎理論。

教育哲學經過長達一世紀的探究，目前發展十分豐富，研究面向包含了知識論、教學、教育歷程到教育政策等鉅觀、微觀的問題。

結合教育與哲學概念的教育哲學

內容	態度	方法
● 形上學 ● 知識論 ● 價值論 ● 美學	● 自我省察 ● 洞察見解 ● 兼容並蓄 ● 通權達變	● 思辯 ● 規約 ● 分析 ● 綜合

哲學

延伸

教育理論 ← 應用 — **教育哲學** — 應用 → **教育實務**

發展

教育

內容	態度	方法
● 教育意義 ● 教育目的 ● 教育功能 ● 教育方法	● 自我省察 ● 洞察見解 ● 兼容並蓄 ● 通權達變	● 思辯 ● 規約 ● 分析 ● 綜合

哲學發展對教育目的的影響

從教育哲學的發展可知，每個哲學理念的興起均有其特殊的時代背景，而這些哲學思潮又會引導教育的發展，尤其是教育目的的制定，更與每個時代、每個哲學理念的發展有著密切關係。

早期哲學理念的影響

古希臘時代，蘇格拉底、柏拉圖、亞里斯多德等哲學家均重視知識，以對話方式啟發人性的良善及潛能，注重文化陶冶，藉以培育具有審美、良善、好智的人。所以，當時的教育目的在於啟發人性、培育博雅之人。

羅馬時期注重社會安定，當時的哲學風氣重實用、好雄辯，重視廣博的知識內涵，不喜好虛華無用的修辭。在這種哲學風氣下，教育的目的在於培養注重實際、能言善辯、具博學知識，並負有政治、法律觀念的良好公民。

到了中世紀，宗教力量強盛，教育權掌握在教會的手裡。當時的經院哲學致力於繁瑣的教義辯論，以理性來維持宗教信仰。因此，當時教育的目的側重培養篤信宗教、堅守教義的人。

到了十五、十六世紀，人文主義興起，揚棄宗教與神的箝制，重新喚醒人性的尊嚴與價值。這時期的哲學家、教育家傾慕古希臘時期，因而倡議教育目的就是為了培養身心健康、富有文學修養的文化人，也就是人文教育。

近現代哲學思潮的轉變與影響

十八世紀後，盧梭的《愛彌兒》掀起一股自然主義哲學的風氣。自然主義思想認為應該順應自然、崇尚自由，讓每個人從兒童時期就能在自然的發展下展現潛能。受到自然主義影響的哲學家、教育家有斐斯塔洛齊、福祿貝爾、赫爾巴特、斯賓塞等，雖然每位學者皆有其獨特的教育理念，但其共同教育目的仍是在自然的情境下，運用適當的方式讓學生充分開展個人潛能。

由於自然主義崇尚個人自由，忽略個人在社會上的適應問題，因此在十九世紀後，隨著工業革命、科技啟蒙的發展，興起另一股社會主義哲學，認為個人與社會是共同體。在社會主義思潮下的教育，注重社會效率，個人發展需與社會同步，個人須為社會服務，以成就社會的大我。

二十世紀是百家齊鳴的哲學世紀，存在主義、實用主義、批判理論、結構主義、分析哲學、民主主義、未來主義、及後現代主義等各派哲學思想風起雲湧。面對二十一世紀，這些哲學風潮仍將繼續影響教育目的的發展。

哲學思潮與教育目的的發展

哲學思潮		對教育目的的影響

二十一世紀
注重教育機會均等的表現,並加強多元文化的尊重。

後現代主義

二十世紀
重視人人平等的教育機會,除了個人的均衡發展外,個人在社會的發展與責任也同等重要。

民主主義　未來主義
批判理論　分析學派
實用主義　存在主義

十九世紀
注重社會效率,個人的發展需與社會同步,個人須為社會服務,減少社會消耗,成就社會的大我。

社會主義

十八、十七世紀
在自然的情境下,尊重每個人的自由,運用適當的方式,讓學生的能力能充分發揮。

自然主義

十六、十五世紀
教育是為了培養身心健康、富有文學修養的文化人為目的的人文教育。

人文主義

經驗主義　理性主義

中世紀
教育的目的在於培養信神、德行堅定的人,當時的教育深受宗教影響甚大。

經院哲學

羅馬時代
教育的目的在於培養重實際、能言善辯、具百科知識,並具有政治、法律觀念的良好公民。

觀念主義　唯實主義

古希臘時代
重視知識,以對話方式啟發人性良善及潛能,注重文化陶冶,希望培育具有審美、良善、好智的人。

不同哲學理念下的教育內容

教育的內容就是課程與教材。課程即是指各種學科，教材則是指這些學科的具體內容。課程與教材會隨著哲學理念而做取捨，在不同的哲學思維下，所關注的教育重心和內容自然也有所不同。

教育內容受哲學思維的影響

近代不同的哲學思想對教育內容也有各種不同的關注重心，綜觀之，可大致歸納如下：

一、人文主義：人文主義以「人」為衡量一切的標準，從古希臘羅馬的文教學術中獲得啟發，注重人對真、善的追求。人文主義的教育家認為教育應以博雅課程為主，強調應從經典書籍中，汲取百科知識，並成為有知識、具審美、發揮良善人性的全人。

二、自然主義：法國哲學家盧梭倡導自然為善、順應自然的教育觀念，因此整個課程、教材的安排需以生活經驗、具體實務為主，並與學生的身心發展配合，讓學生逐步學習。

三、社會主義：法國哲學家涂爾幹認為，教育的目的在使個人社會化，因此課程與教材必須與社會有關，讓學生發展能與社會脈動相結合。

四、實用主義：實用主義教育家認為教育是生活經驗的不斷重組與改造，因此課程與教材必須適合學生生活所需，讓學生能適應現代社會生活。

五、存在主義：關注「人的存在」的意義與問題，認為教育的目的是協助學生了解世界、生命及生存的本質特性，發掘真正的自我，藉以體現存在的真義。

六、批判理論：批判理論學者認為教育在協助心靈的解放，教育不應淪為政治的幫手，因此課程內容需具有溝通與啟發的教育意涵，避免主宰、專權式的教育模式。此外，教材的設計需與實際社會配合，讓學生了解社會現況，進而學習批判反思的能力。

七、未來主義：一九七〇年之後，科技的快速進步引領人類社會邁入一個嶄新的境界。因此，教育也應融入未來的觀點，增強學生面對未來競爭的能力。在課程教材上，則重視培養學生的創造力與解決問題的能力。

八、後現代主義：重視邊際文化的傳承，注重多元文化的交流，因此課程與教材要能納入多元知識與文化，讓邊緣文化與知識也能傳承不墜。

哲學發展與教育內容的關係

人文主義
1. 課程應以博雅教育為主,強調從典籍中汲取百科知識。
2. 教育在使人成為有知識、具審美、發揮良善人性的全人。

自然主義
1. 課程、教材的安排需與學生的發展相互配合。
2. 以自然、直接的生活經驗,讓學生由近而遠、由淺入深,逐步學習。

社會主義
1. 課程與教材必須與社會有關。
2. 使學生發展能與社會脈動相結合。

實用主義
1. 注重與生活經驗相關的實用知識。
2. 課程與教材必須適合生活所需,讓學生能適應現代社會生活。

存在主義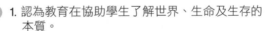
1. 認為教育在協助學生了解世界、生命及生存的本質。
2. 自覺的存在才是真正的自我。

批判理論
1. 課程應廣納各方意見,避免主宰、專權式的教育。
2. 教材方面需與社會實際配合,讓學生了解社會現況,進而學習批判反思的能力。

未來主義
1. 課程教材以未來的生活模式為思考重心。
2. 培養學生創造力與解決問題的能力。

後現代主義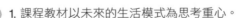
1. 將多元知識與文化納入課程與教材中。
2. 傳承邊緣文化與知識。

教學方式與哲學信念的關係

教育哲學有兩大基本學派，一是經驗主義，另一是理性主義，在教學方式上，也與這兩個基本學派有很大的關係。到了近、現代，哲學理念的多元發展，更深深影響現代教學方法的轉變。

理性主義與經驗主義的教學法

理性主義的教育家認為，知識來自理性，而理性乃是人具有的先天潛能，如蘇格拉底的產婆術，只需運用適當的教育方式，像是引導或回憶，就可以激發理性、將人的內在知識引發出來。如法國哲學家笛卡兒所言：「我思、故我在」，教育只要促進人內在的理性活動，就能讓人的潛能發揮出來。啟發式教學法及思辯式教學法即是根據理性主義而來。

另一方面，經驗主義的教育家如洛克則認為，人生下來如同一張白紙，知識的獲得需靠感官活動與經驗而來，知識是由自己與生活世界共同建構的。因此在教學上，主張教育與生活的結合，強調感官與生活事務的接觸，因而產生了直觀教學與感官訓練的教學方式。

折衷論的教學法

隨著歷史的發展，產生折衷式的教育理念，十八世紀的哲學家康德進一步對知識來源進行批判。康德的《純粹理性批判》與《實踐理性批判》是影響當代哲學發展的重要著作。之後，教育哲學的發展，在知識論的來源上呈現融合的理念，如十九、二十世紀的實驗主義教育學者，在教育上同時重視心靈智慧的啟發與生活經驗的創造。因此，在教學方式上採用以兒童為中心，從做中學、經驗與思考並重的觀點，讓學習者能從活動中啟發潛能，並在活動中學習經驗與知識，讓先天潛能與後天經驗互相融合以獲得屬於自己的知識，具有迎接未來生活的能力。

多元哲學理念的教學法

到了二十世紀，哲學發展呈現多元的趨勢。在未來主義的教育理念中，重視學習是否能讓學生有能力面對未來生活，因此在教學上結合生活與學習，並藉由學習，增強個人的想像力與創造力。其中，後現代主義的教育家則特別重視多元文化的教育，提出多元化的教學以因應各類的學習需求。其他適合現代教育及學生需求的教學法，例如：合作學習法、協同教學法、發現學習法、直觀思考教學法、創造教學法等，都是受到眾多哲學理念的啟發而成。可見，不管教學方式如何地更新與演變，教育均離不開哲學思潮的影響。

教學法與哲學發展的關係

未來主義

- 藉由學習，培養想像力與創造力。
- 注重藝術教學。

實驗主義

- 重視心靈潛能的啟發與生活經驗的獲得。
- 著重如何學習的能力。

後現代主義

- 認為知識不再是不變的，強調變遷對知識的影響性。
- 重視多元化教學。

折衷論

結合理性主義與經驗主義，論述知識的普遍有效性。

- **代表學者**：康德
- **倡導理念**：重視人本身了解知識的方式，也重視經驗的重要性，致力獲得正確的知識。

理性主義

知識來自理性，理性則是人的先天潛能。

- **代表學者**：蘇格拉底、笛卡兒
- **倡導理念**：重視學科理論、博雅教育
- **教學法**：產婆術、啟發式教學法、思辯式教學法

經驗主義

人生下來如同一張白紙，知識的獲得需靠感官活動與經驗而獲得。

- **代表學者**：亞里斯多德、洛克
- **倡導理念**：教育萬能
- **教學法**：直觀教學法、感官訓練

杜威的教育理念

杜威不僅是二十世紀著名的哲學家、教育家與心理學家,在美國更是位積極推動社會改革、倡言民主政治理想的自由派學者,同時也是致力民主主義教育思想的實踐者。他的思想,不僅造成美國繼實用主義之後興起的實驗主義哲學體系,也深遠地影響進步主義教育理論的發展與落實。

實用主義之下的教育思想

任何一種哲學思潮的興起或多或少反應了當時的社會背景與時代需求。十八世紀後工業革命、民主運動、科學思潮及達爾文的進化論深深影響全球各方面的發展。在這樣巨變的環境下,興起了「實用主義」的教育思潮,到二十世紀杜威將實用主義運用到許多學術領域上。杜威畢生從事教育工作,授業學生分居於世界各地,其哲學思想影響當代極為深遠,尤其在教育方面,迄今未消退。

杜威的教育思想承接古希臘柏拉圖與亞理斯多德,同時受到洛克和德國學者黑格爾的影響。他強調經驗世界的變動性,真理需經過行動驗證,也就是透過經驗才能獲得。因為經驗是變動的,所以真理也會隨之變動。由於人類必須在環境中求生存,真理知識也必須實用才有價值,因此杜威格外重視知行合一、理論與實務的結合。實用主義的教育思想認為教育是經驗的不斷改造,教育即人類成長的過程,而學習的功能在於解決問題。因此教育必須和生活相結合,教師在過程扮演協助者的角色,且教育必須

是以民主的方式運作,才能有更好的發展。杜威的教育思想因而被稱為「進步主義」、「實驗主義」或「工具主義」。

強調教育與生活的結合

雖然杜威提倡的教育理念隨著時代發展而有所消長,但他所提出的「學校即社會」、「教育即生活」、「做中學(learning by doing)」、「學生中心」等教育主張,卻始終對教育影響甚深。

杜威將教學賦予動態性,讓教學更生動、也更生活化。他認為教育就是經驗的累積、轉換與重組;教育應培養學生解決問題的能力;學校像是小型的社會,而教育則是生活的教學與學習,讓學生在實際生活中培養面對生活的能力……等,這些理念促進了現今教育以學習者為中心的觀點,並重視學校與社會、教育與生活的相互連結。儘管已經過了一世紀、歷經了許多社會變遷,杜威的教育理念仍有諸多值得現代教育者省思與參酌之處。

教育即生活的思想源流

1. 學校即社會。
2. 教育即生活，教育是經驗不斷重組、重建、轉化的歷程。
3. 教育沒有目的，教育的本身就是目的。
4. 在生活、經驗、體驗之中學習。
5. 以學習者為中心的教育。

二十、十九世紀

杜威
教育即生活，應以學習者為教育中心，重視學習者的身心發展，提供經驗讓學習者不斷學習、不斷成長。

斯賓塞
教育的功能在於為未來生活做準備。教學內容需重視知識的實用性，教材應取自人們的日常生活。

十八、十七、十六世紀

斐斯塔洛齊
教育應和經驗、生活相結合。

盧梭
親自動手做的經驗，才是寶貴的知識。

明末清初顏元
認為學習應實用而生活化。

康米紐斯
透過實務的接觸與了解開啟學生的知識。

孟登
文字語言的學習要靠實際練習，知識必須訴諸行動才具實用性，強調旅行教育的重要性。

中世紀至世紀初

北宋張載
認為需能應用教育所學的知識。

梁朝顏之推
學習的知識必須有助於生活。

西元前

亞里斯多德
身體力行是重要的教育方針。

對杜威進步主義的反省與批判

　　進步主義是美國在十九世紀晚期至二十世紀初期的一項教育改革運動。由於當時美國正經歷劇烈的工業化和都市化的變遷，社會進步了但教育未能即時趕上，因此進步主義教育理論出現，讓美國社會冀望透過教育重新塑造美國文化。杜威結合實用主義和進步主義的教育思想，在一九三〇年代達到高峰。但強調「有用者為真」價值觀的進步主義，並沒有如社會預期般有效提升美國的教育程度，反而使得美國一般中小學學生素質低落，引起了廣泛的批評。一九五〇年代以後，因反對或批判進步主義而興起的哲學思想，有永恆主義、精粹主義、重建主義、非學校化理論、觀念分析哲學等，其中又以永恆主義與精粹主義的批評最為強烈。

　　以批判進步主義崛起的永恆主義教育理論認為，進步主義以兒童為中心教育，又強調生活實用知識，會嚴重破壞人類心智。因此，永恆主義在教育理念上特別強調維繫傳統中絕對永恆的精神文化，教師有責任傳授學生有關心靈、理性、不變真理及知識。如著名的永恆主義教育學者赫欽斯，主張以經典著作為教育內容的博雅教育。

　　至於精粹主義，它也是反對進步主義開放教育而形成的教育思想。精粹主義最反對進步主義的「以兒童為本位」及「尊重學習者的興趣」，強調恢復教師在教室中的權威，以教師為中心的教育；學習必須在勉強與不舒服的情境下努力，興趣不是學習的重點，同時必須嚴守紀律，不可放任自由；課程更是由專家嚴選後系統性的教導，教育才會有良好的效果。

　　一九五〇年代至今，美國教育就在進步主義及批判它的眾多理論中持續發展。二〇〇〇年，美國因有感於學生素質似乎仍然落後其他先進國家，因此採取了精粹主義的理念，於二〇〇二年簽署施行「沒有落後的孩子（或稱帶好每位兒童）」（No Child Left Behind）教育改革方案，希望藉此改進美國基本教育，提升美國學生的素質。但即便如此，杜威的教育思想（如做中學）至今依然是美國和其他國家（包括台灣）的重要教育政策理念內涵之一。可知，即使有人稱杜威進步主義已經過時了，但其教育哲學理念其實早已成為基本的教育哲學，深入每個教育人員的心中，足見杜威的開創性與對後世的重要影響。

杜威進步主義的影響

杜威進步主義的主張

- 學校就是社會
- 教育就是生活
- 做中學（learning by doing）
- 學生為中心

 影響

成為 19-20 世紀初美國一項重大社會政治改革運動的一部分

強調「有用者為真」，但效果不如預期，反使美國一般中小學素質低落。

批判

反進步主義所興起的哲學思想

- 永恆主義
- 精粹主義
- 重建主義
- 非學校化理論
- 觀念分析哲學

	項目	永恆主義	精粹主義
相同處	哲學思考中心	兩種哲學皆以教師為教育中心，其中進步主義的教學哲學強調反對以學生為中心。	
	保守的教育哲學	永恆主義認為小學課程應包含讀寫算、拉丁文、邏輯，中學應加上古典研究。 精粹主義課程也屬保守的教育哲學，主張英語、數學、科學、歷史、外國語等五個領域的系統學習。	
	心智訓練	永恆主義與精粹主義均強調心智訓練。	
	回復基本能力	回復基本能力運動，使美國的多數州建立起中小學學生最低能力標準。	
相異處	重視學科	古典學科為主。	亦重視古典學科的文化價值，但可以接受納入現代學科。
	關注發展	個人的發展	要素的技能
	課程設計	偏向自由主義 以原理原則為基礎	多傾向於職業性 以事實為基礎

分析哲學對教育的影響

二十世紀的哲學曾經歷一次哲學革命，即所謂的分析哲學運動。分析哲學並不是單一的理論，而是二十世紀以來哲學領域的一種運動。分析哲學重視「事實現狀的澄清」與「概念的釐清」，在探討教育哲學的問題中，例如：教育、灌輸等概念之間的關係及涵義的釐清，就需要分析哲學的協助。

分析哲學如何探討教育？

分析哲學興起於一九二〇年代，主要在於分析語言的意義與用法。當代的分析哲學深受語言分析與邏輯實證論的影響，重要的學者有羅素、維根斯坦等人。所謂的分析，不只是一種區分的能力、同時也是一種哲學，更是一種追根究柢的方法。到了五、六〇年代，不斷有人提出許多教育口號，為了不讓這些口號擾亂教育的本質，有必要釐清這些口號的真正意義與還原教育本質，因此興起以分析哲學的方式來探究教育，此即為分析哲學的教育，又稱為語言分析哲學或概念分析哲學的教育學。

此派哲學對教育影響甚鉅，尤其對英國教育的影響深遠。由於倫敦學派的提倡，認為教育應從平易的問題與方法開始研究。英國著名的分析哲學教育家——即提出教育三大規準的皮特斯，他喊出「教育即啟發」的口號，認為教育是一種啟發的過程，最終則是以成為有道德、具美感與文學氣質以及能在社會生活的人為目標。另一位著名的學者是赫斯特，他在六〇年代為「博雅教育」找出理論基礎並勾勒出教育的新架構及課程理論。此外，還有英國的歐康諾、美國的謝富樂等教育分析哲學學者，都對教育本質的探討有很大的貢獻。

徹底洞悉教育的本質

教育分析哲學的重要任務就是對教育觀念進行分析，透過分析解決以往教育哲學只重視歷史、格言、口號及過於簡化教育本質的問題。在分析哲學的理念中，教育並無外在目的，並且以建立民主社會為教育的最終理想。然而，分析哲學也有其受限之處，例如在分析之後，該如何重建教育，且分析過程又過於繁瑣，一般人難以了解等。分析哲學雖然遭受質疑，但所提出的概念與方法，讓人們更重視去釐清教學與學習的本質與意義。

分析哲學對教育最大的影響，在於對教育更進一步的理性思考與辯析，讓教育在現今多變的時代中，能以更清晰、明朗的面貌呈現，還原教育的真實意涵與價值。

台灣近年來一連串的教育改革，漫天呼喊的教育名詞，讓人們不知該何去何從。透過教育的分析哲學理念，可以提供人們一個思考

的基點。在分析之前,透過前述的批判理論,先進行反省,再進行分析與批判,最後在理性的基礎上,重現教育的真實面貌,建立合理與公平的教育環境。

分析哲學對教育的影響

分析哲學

- 興起於20年代的維也納學派
- **代表學者**:羅素、萊爾、維根斯坦
- **中心理念**:以語言及邏輯分析方式,釐清字詞及概念的意義與用法。

應用至教育

教育分析論

- **代表學者:**
  皮特斯—教育三大規準:合自願性、合價值性、合認知性。
  赫斯特—博雅教育,重視閱讀經典的作品。
  謝富樂—好老師必須具備教學意願、教學理智與良好態度等條件。

- **對整體教育的影響**
  釐清教育最根本的意涵與意識形態,讓教育的意義更清晰,使教育的實務或研究能更切中問題核心。

- **對台灣教育的影響**
  台灣近年來教育改革過程中提出許多教育口號,可以藉由教育分析哲學釐清教育口號背後的真正意涵,避免大眾誤解教育的意義,還原教育的真實意義,以規畫符合需求的教育環境。

批判理論對教育的影響

批判理論是二十世紀以來，面對科技與社會文明發展而興起的一股思潮，以批判的觀點來看待社會的各種現象。批判理論不是一個人或單一的理論，而是由諸多人和理論所構成，也稱為「法蘭克福學派」或「新馬克思主義」。

什麼是批判理論？

批判理論起源於一九三〇年代德國法蘭克福成立的社會科學研究所，主要成員為霍克海默、阿多諾、馬庫色等，主要是利用批判的方式來喚醒人類自主的理性。到了一九七〇年代，則由哈伯瑪斯、盧曼等學者繼續引領批判理論的發展。然而，所謂的「批判」，並非一味地消極破壞，而是要藉由表面的破壞，揭露事件及現象背後隱含的意識形態，進而積極地批判、反省與改善，重建另一個更合理、更公正的社會環境。

舉例而言，馬庫色提出「單面向的人」，即是用來形容現代科技之下，人類只能學習順從，而無力反抗、批判的一種現象。為了追求科技，人類放棄真正的自由，使得生活完全被科技、物質所控制，人已不再是完整的人。哈伯瑪斯則進一步提出，批判的合理性必須建構一個「理想的言談情境」。只有在每個人都處於自由完整的理性情境下，進行平等、自由的溝通，真理才能在不被扭曲的情境下呈現。

反省當前教育的迷思

台灣教育長久以來，一直在升學主義及主流文化主導的趨勢下發展，社會、家長、教師及學生對所處的教育環境均深信不疑，使得教育淪為政治、意識形態、優勢團體所宰控的工具。目前教育所重視的資訊教育、英語教育、學歷測驗、教育改革、鄉土教學，也許是因應社會發展所需要的教育內容，但其決策的背後，是否合理、符合實際需求？教育政策的施行是否做到公平正義？批判理論提供了一種檢視的思考方式，針對教育提出批判、反省、比較，建立一個理性、公平的對話情境，並且在反省、批判之後，試圖予以改變，藉以「重建」一個更合理的教育環境。

批判理論的學者便是透過批判、溝通與建立的過程，提出自己的觀點，認為教育應培養個人批判思考的能力，以維護與發揚人性的自主性與理性，藉以促進社會轉變，建立美好的生活。批判理論的教育內容重視學生學習的興趣，透過啟發、辯論、討論、溝通的方式，讓學生學習解決問題的能力。在現今價值觀分崩離析的社會之

下，如何培養下一代批判思考的能力，而不是只會人云亦云的模仿，

批判理論的教育理念特別值得我們加以重視與省思。

批判理論如何看教育？

階級再製論

學校知識的生產、傳遞與評鑑，表現了社會階級的權力運作與結構重製。

●代表人物：金帝斯、包爾斯

社會霸權論

學校成為社會主流意識形態灌輸和再製的國家機器，淪為社會既得利益者再製的代理機構。

●代表人物：布迪厄、阿圖塞

教育

文化再製論

隨著社會利益與權力的消長，教育只是再製，並且一再地重複這樣的過程，所以學校會產生非正式文化來加以反抗。

●代表人物：艾波、季胡

政經權力說

教育的內容反應了政治權力及經濟條件的分配與再製，尤其是社會既得利益者將其文化優勢反應在語言文字與社會生活。

●代表人物：布迪厄、伯恩斯坦

批判的合理性在於必須建構一個「理想的溝通情境」，只有在每個人均有自由完整的理性情境下進行平等、自由的溝通，真理才能呈現。

哈伯瑪斯

一九八〇年代後期，南美洲一群教育學者倡議「批判教育學」，為教育哲學掀起另一股批判風潮。就整個教育理論發展史而言，批判教育學是相當新的理論，主要是由南美洲和北美一群教育學者，如季胡、麥克拉倫、艾波、凱爾納所發展出來的。

　　批判教育學深受巴西成人教育學者弗雷勒的啟發，也受益於歐洲的法蘭克福學派、新教育社會學的批判傳統。雖然各家批判教育學者著墨焦點不盡相同，其主要目標是一致的：幫助沒有權力的人增權賦能（empowered），並改變社會既有的不平等和不正義的現象。批判教育學者從批判理論出發，藉由「批判性語言」檢視學校存在的目的、課程內容的選取、教師角色的轉變，以及師生關係的建構等。

　　批判教育學雖然是近二、三十年才興起的新興論述，但其中學者季胡所主張鼓勵教師成為轉化型知識分子，卻已成為當前台灣教育界的重要論述。為了達成教育解放的目的，季胡對教師寄予深重的期待。因為，若要培養學生批判反思的能力，教師必須先成為具有批判能力與實踐精神的教師。季胡認為，教師必須先解放自己的知識與經驗，致力將學校轉化為一個民主奮鬥的社會機構，提供與學生生活經驗有所共鳴的課程內容，並將之意識化與問題化。教師利用質疑生活經驗的角度帶領學生挖掘埋藏在背後的假設，幫助學生了解課程與社會中隱含的政治及道德意涵。促進學生產生公民勇氣，讓學生形塑自我認同，並進行社會經驗與文化意義的再造。批判教育學的核心精神，一言以蔽之就是：沒有行動的反省就是咬文嚼字的空談主義（verbalism），沒有反省的行動則是為行動而行動的盲動主義（activism）。批判教育學者的首要任務，在於揭露教育的政治本質，以促使教師反省自己教學工作的角色。此點，對當前進行教育改革的台灣，以及對教師當前與未來角色的期待，已逐漸產生影響力。

教育小百科

- 教育史上的哥白尼、自然主義之父：盧梭
- 近代哲學之父：笛卡兒
- 近代科學之父：培根
- 新聞教育之父：威廉博士
- 圖書館學教育之父：查理士‧威廉森
- 教育老人學之父：麥克拉斯基

傳統教育與弗雷勒批判教育的比較

傳統的囤積式教育 （banking education）	弗雷勒的提問（批判）式教育 （problem-posing education）
教師排斥與學生對話。由教育專家／權威站在講台上講授制式的內容，教師單向地灌輸學生知識，易培育出被動、聽話的學生。	教師須以反思角度兼具實踐精神，經由與學生的對話來揭露現實，是認知行動中所不可或缺的部分。

強調記憶與背誦

抑制了創造力，強調絕對服從的意識形態，進而否定自我人性化的存有。

強調批判與思考

以創造力為基礎，引發對於現實真正反省與行動，認為人們只有在從事探究與創造性改造時，才會成為真實的存有。

弗雷勒將教育重心的轉移賦予政治與社會的意涵，教學行動因而是一種政治性的文化行動，教師從事的不只是教學活動，更是「介入性」的活動，教師必須「介入」現實改造的過程。此點，對批判教育學的影響甚深，使批判教育學不僅是理論，更是實踐的行動。認為教育不能成為政治的附庸，國家更不能以此宰制人民意識；教育必須解放，由教師轉型成批判性知識分子，帶領學生一同反思教育，「使教育更加政治化，使政治更加教育化」。

後現代思潮下的教育理念

在二十世紀後半廣泛流行的後現代主義，是由藝術、文學所帶動而興起的思潮。所謂後現代其實是指對現代文明社會的一種省思與批判。應用在教育上，即是對教育的一種反思與覺醒。

後現代思潮的特性

最初出現在藝術、文學等領域的後現代思潮，在藝術上是一種超前衛的表達風格，之後才轉變為各類領域思想上的重要議題。後現代思潮如批判理論、分析哲學一樣，並非是單一的一種理論，而是一種隨著社會發展綜合而成的一股潮流。在這股潮流中，重要的學者有傅柯、李歐塔、詹明信等。

後現代注重多元思維，對西方科技、現代化所形成的優勢文化，多加以質疑、批判。不再以西方文明及現代化為社會唯一的發展方向，而是趨向接納或肯定不同聲音的價值與地位，尤其重視弱勢族群的文化與價值。此外，後現代思潮也反對獨尊科學知識，重視影像、複製、感官及商品美學的各種呈現，並對高度發展的資本主義文化進行省思、批判或否定。

多元包容的教育方向

傳統的教育受到現代社會劇烈變遷的考驗，使得道德與價值分崩離析，在社會的多元要求下，使得教育必須更快地做出反應。但事實上，教育的改變永遠追不上社會變遷的速度。後現代主義重視知識的追求、主張知識的客觀性、多元性、合法性、與中立性，並在社會多元的發展下，強調個體在大眾

另類學校（alternative school）

另類學校，台灣亦有人譯成理念學校（ideal school)和「替代學校」。所謂另類教育，指不同於一般學校教育的教育方式，如在家教育、體制外學校、契約學校（Charter School）等。其在教育理念上常有特殊的主張，如：自主學習、適性發展、自由民主等，大都採人本主義的教育理念，主張自然教育，重視情意發展，強調對學習主體的尊重。他們共同的特性為反制式化的學習、反功利式的教育、反權威式的教育。主張應由學校適應學生，而非由學生來適應學校。教師是引導者或啟發者，非知識的零售商或量販店，課程應是多元化，而非標準式的。教學應採是個別化，而非集體統一授課。

另類學校的濫觴，可以追溯到一九〇七年蒙特梭利在羅馬設立的兒童之家，以及一九一八年史代納在德國創立的「華德福學校」。台灣學者馮朝霖指出，歐洲「另類學校」的興起，與二十世紀初遍及歐美的教育改革運動有關，反映了當時多元而豐富的教育思潮。經過一百年的考驗，另類學校愈來愈受到世界各國的重視，也為政府官方教育體制帶來改革的刺激。

通俗文化中的自主性與獨特性。因此，在後現代思潮下的教育，尊重人類與社會的多元性，讓傳統與現代有和平共存的基礎，尤其必須重視邊際文化的傳遞與矯正，使每個人均能保有主體性與獨特性。

在後現代思潮的影響下，教育接受來自各種不同階層、身分的質疑、批判，受教者也必須培養尊重不同階層、種族、文化、性別、年齡的差異性。後現代思潮下的教育有其開放性、包容性與創新性的優點，但不諱言的，同時也招致教育上無政府及無深度的抨擊。然而，在後現代主義的多元包容下，帶領教育採納更多元的文化意涵，仍是不容忽視的一項貢獻。

後現代主義對教育的影響

後現代主義

- 興起於1960年代
- **代表學者**：傅柯、李歐塔、詹明信
- **中心理念**：對於現代科技、經濟、政治發展下的社會、教育、文化問題進行反思與批判，希望藉由反思讓邊緣文化、個體，能獲得主體性的尊重。

應用至教育

後現代主義的教育

- **代表學者**：李歐塔、季胡、包華士
- **對整體教育的影響**
  讓教育能關注全人類的需求，並重視教育在社會發展下所應持有的立場。
- **對台灣教育的影響**
  近年來台灣族群關係緊張、語文分立、價值分崩離析，後現代主義提供我們一個反思的基礎，以建立一個更公平、開放、尊重的教育環境。

發展

◆ 鄉土文化教育	◆ 多元文化教育	◆ 人權教育
◆ 網路教學的運用	◆ 課程設計的開放	

當代眾聲喧嘩的教育理論

面對高科技、激烈競爭的二十一世紀，教育不是僵化的，是變動的；教育不是政治的，是民主的；教育不是獨占的，而是開放的。後現代思潮引領下，大型理論不再引領主流，反而是眾多小型理論紛紛以其特殊訴求引起廣泛迴響。其中，有些理論對台灣教育發展有著深遠的影響。

自由主義與新自由主義

自由主義在西方，可謂自啟蒙時代以來引導社會集體意識的一股價值觀。自由主義並不是一個統一、固定本質的概念，它經歷多次變遷，迄今尚未定型。自由主義視「自由」為最重要的價值，但自由可分為消極面與積極面，消極地說，自由是不受任何限制，干涉愈少愈好；積極地說，自由要受限制來發展。過分的自由會趨於渙散、混亂，太多的紀律又有形成專制的可能。因此，如何在個人自由與群體紀律之間妥當地拿捏，是政治思想一個永恆的難題。

基於個人主義、自由、理性、平等、包容、社會正義、權利與義務等核心理念，自由主義在教育上有兩個重要的主張：一是教育必須培養每個人在智能上足以理解人生的各個層面、以及知道如何追求幸福生活。另一則是在道德教育上，每個人應被教導成為一個能在道德上負責任的人。因此，自由主義支持政府應負起照顧責任，向全民提供高品質的教育。但是，隨著一九七〇年代以來世界經濟的蕭條與轉型，政府對經濟的干預權引發討論：究竟是既行的「大政府、小市場」還是「小政府、大市場」，何者能有效改善經濟狀況。政治上主張私有化和自由競爭，即「小政府、大市場」的新自由主義，也逐漸引爆新自由主義教育的改革聲浪。

許多學者指出，自一九八〇以來，紐西蘭、澳洲、英、美、阿根廷、墨西哥及其他拉丁美洲等國家的教育，正經歷一場以「自主與緊縮」為口號，且以「自由市場經濟」及政府「鬆綁」為名的「新自由主義」意識形態改革行動。

二十世紀美國最具影響力的經濟學家之一的傅立曼，在其論文《政府在教育中的作用》即指出「教育唯一的出路是市場化」。新自由主義將學生視為人力資本，強調政府應鬆綁教育機構，使其具自主性與自由化，讓教育開放市場化競爭，藉此教育資源重新配置，同時也能提升各校間的績效。近年來，台灣教育也以新自由主義為名，經歷了包括：私有化與自由選擇、「政府鬆綁」與「教育市場自由競爭」、開放教育系統、課程權力自主、引進企業界的管理哲學、強調教育績效和效能等的一連串教育改革。

自由主義與新自由主義的比較

自由主義

主張一：培養在智能上足以應對人生各個層面、以及追求幸福的生活。

主張二：每個人都應有平等受教權，並推行道德與公民的觀念。

新自由主義

延續自由主義的教育主張，但主張讓教育市場化，透過良性的競爭，讓教育資源能達到最有效率的配置。

公營化教育事業

政府以公營化的教育事業，讓每個人都享有平等的受教權。

私有化教育事業

考量財政上的教育政策支出，讓教育市場化，經由私有化的運作，提升教育績效與效能。

	公營化教育事業	私有化教育事業
政府立場	主張解除政府在經濟上的所有干預。	主張政府應制訂政策，僅在必要時有效介入市場。
紀律	個人擁有絕對的自由。	有限自由下爭取最大權力。
教育制度	教育機會均等 道德教育 公民教育 人權教育	政府鬆綁教育機構 教育選擇權 學校本位管理 教育私有化

多元文化主義

　　自人類文明發展以來，以西方為中心的主流思潮，箝制了少數文化的發展，形成不公平的對待。一九六〇年代初，美國黑人為首的民權運動興起，譴責種族的歧視與偏見，並以社會運動與抗爭呼籲各界給予公平的對待與參與，在黑白種族的衝突問題發酵下，多元文化主義從此發跡。一九八〇年代起，倡導市場自由化的新自由主義興起，開始思考自由主義主張的自由平等是否真正落實。新自由主義認為，真正對待弱勢文化的合理作法，應該是給予不同的對待。也就是不能對所有文化都給予齊頭式的對待，應該重新思考並正視差異的存在。這樣的理念，給了多元文化主義發展的支點。多元文化主義所涵甚廣，其核心精神為關注社會所有不同的文化群體，看見文化認同的異質性，進而尋求彼此的平衡點，讓社會中的每一成員，都有同等的權利與自由，公平地生存在同個空間裡。

　　從多元文化主義跨越到多元文化教育，秉持平等、自由、正義、尊嚴等核心價值，希望透過學校及其他教育機構，提供學生不同文化團體的歷史知識，使學生了解與認同自己的文化，且能欣賞及尊重他人的文化。多元文化教育傳達一種概念、一種改革，目的在於實踐「尊重差異」「容納異己」進而達成「社會公平正義」。

人智學

　　人智學是由奧地利出生的魯道夫‧史代納博士所創立的學說。人智學（Anthroposophy）一詞源自於希臘文，Anthropo指「人」，Sophy指「智慧」，因此，意指有關人類智慧的學問。人智學的思想主軸為愛，以科學為基礎，依據對人的理解，發展出一套具靈性、循序漸進的教育理論。史代納認為人的生命是以七年為週期，一個人在二十一歲時會發展成為「全人」。在「七歲週期」的觀點上，根據孩子在每個週期中的特色及發展狀況給予正確的教育方式，即可發展為身、心、靈和諧的自由人。

　　實踐人智學理論的華德福學校（Waldorf schools），一九一九年在歐美社會創辦以來，至今全球已有近千所學校的實踐，且獲得優秀的評價。在台灣也開始有人加以引進宣導和教育落實（如台中磊川與宜蘭慈心華德福實驗國民小學）。但是世界上並沒有完美無瑕的教育，華德福學校的教育方式也引起些許批判與質疑。由於人智學將人類生命本質，歸結於身體、心靈與精神三種層次的結合，課程建立在對人的深刻了解上讓孩子在成長的過程中，體驗豐富而細微的世界和無限開展的可能。其理論與教育實踐，其實也提供台灣另一種教育的思考與突破方向。

多元文化教育示意圖

多元文化主義的核心概念

秉持平等、自由、正義、尊嚴等核心價值。	了解文化的異質性	每個人都擁有同等的權利與自由，公平存在同一個空間。
	關注不同文化的群體	

兩性平等教育
實踐性別平等，兩性在社會上的機會均等，促進社會和諧。

鄉土教育、母語教學
實踐族群平等、傳遞文化，尊重多元文化的價值。

教育優先區計畫
改善教育設施，消弭城鄉教育發展的失衡問題。

人智學教育概念圖

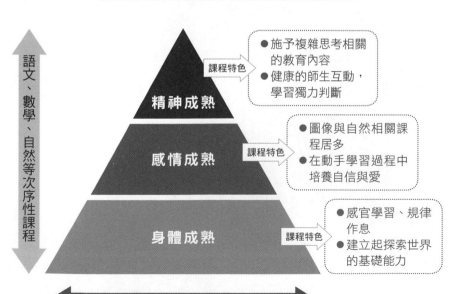

語文、數學、自然等次序性課程

精神成熟
課程特色
- 施予複雜思考相關的教育內容
- 健康的師生互動，學習獨力判斷

感情成熟
課程特色
- 圖像與自然相關課程居多
- 在動手學習過程中培養自信與愛

身體成熟
課程特色
- 感官學習、規律作息
- 建立起探索世界的基礎能力

繪畫、音樂、舞蹈、說故事等整合學習

Chapter 3

什麼是教育心理學？

教育心理學是教育學的基礎理論之一，也是師資培育課程中的一門重要學科，內容包括了心理學的豐富知識、以及在教育情境上的實務應用。教育心理學主要是探討個體的身心發展、智慧發展、學習動機、人類學習知識的過程……等課題。許多概念還可以在日常生活中靈活運用，像是利用制約學習的方法來管教小孩，或是了解多元智能理論後不再強迫孩子念某一科系，而是讓小孩充分發揮自己的潛能。

教育心理學是什麼？

教育學之所以成為一門科學，主要的是受到心理學的發展與影響。教育心理學一直以來受到教育學研究者和實務界的關注，援用心理學的理論與方法探討，解釋並解決教與學的種種問題。

教育心理學的形成

一八七九年德國心理學家馮德在萊比錫大學設立的心理學實驗室，開始運用科學方法分析人的感覺與意識，自此心理學逐漸形成一種科學研究。早期教育學者、教育工作者便將心理學的知識與研究方法應用在教育上，加上教育與心理學的關係密切，教育心理學因此成為一門新興學科。美國心理學家桑代克於一九二九年出版《人類的學習》一書，藉由貓開籠取食的實驗獲得結論，提出三大學習定律：練習律、準備律及效果律，這三大定律在三〇年代成為解釋學生學習的重要理論。這個理論的發現也說明了教育心理學中，人類學習與心理學的密切關係。

教育心理學的定義

從教育心理學的形成過程，可以了解教育心理學是一門結合心理學的基本理論和實驗方法，並應用在探討、解釋、解決教育過程和教學情境中的各項疑難的學科。由此可知，教育心理學不僅有心理學的基本知識背景，同時也是教育中教與學活動的原理原則，以及增進教學效果的一門重要學科。

提供教學與學習的原理原則

教育心理學發展至今已超過一世紀。早期的教育心理學只是把心理學的知識應用在教室及教育活動，直到近期，教育心理學開始在實際的教學情境中，對學習進行實驗、觀察、記錄，並在實際資料找出原理原則，建立屬於教育心理學的理論架構。換句話說，教育心理學已經脫離心理學而成為一門獨立的教育科學。教育心理學主要採用的研究方法可分為兩大類：一為善用實驗、統計等量化研究的方式；另一為觀察、記錄、晤談等質性研究的方式，探討教學情境中教師教學與學生學習的行為與原理原則，提供教學與輔導的學理依據，有效處理教學上的實際問題。

近代教育心理學發展概況

年代	階段	內容

現代教育心理學階段
- 當前教育心理學理論有三大取向：行為、人本、及認知取向。
- 學習理論的研究範圍包括從外顯的行為研究到內在的知覺、記憶、思考等層面的探究。
- 重視學習的提升、診斷與教學等問題。

1980年代

教學心理學階段
- 建立許多教學理論，走向教學心理學階段。
- 採用實證的研究方法、直接以教育環境為研究情境，重視個人內在認知變項，如動機、個別差異等，使教學心理學走向獨立有系統的研究。

1970年代

教育心理學階段
- 嘗試建立屬於教育心理學的理論（人本、認知）
  - → 布魯納提出表徵系統論（動作表徵、符號表徵、形象表徵）和運用動機、結構、順序、增強等教學四大原理。
  - → 蓋聶提出學習應循序漸進的學習階層。
  - → 馬斯洛、羅傑斯重視以人為主體、發揮潛能的學習發展。

1960年代

1950年代

科學心理學階段
- 將科學心理學應用在教育上（行為理論）
  - → 桑代克提出練習、準備、效果等學習三大定律。
  - → 斯肯納根據刺激與反應的連結理論，發展運用操作、控制、獎勵的制約學習理論。
  - → 杜威認為心理學應該協助個體適應生活。

19世紀末

教育哲學階段
- 教育從哲學層面開始發展至心理學層面
  - → 赫爾巴特及其學生發展出預備、提示、比較、總括、應用五段教學法。
  - → 裴斯塔洛齊主張運用直接觀察的學習方式來教學。
  - → 福祿貝爾倡導兒童的發展是階段性的。

18世紀中

教育心理學理論有哪些？

教育心理學從二十世紀初成為一門學科後，歷經一世紀的發展，其間發展出許多不同的理論，每個學派都對教育產生相當大的影響力，也各有其特色。但在真實的教育場域中，教師應靈活運用這些理論，讓學習更生動有趣、教學與學習能發揮最大的效用，這才是教育心理學最重要的目的。

行為學派

行為學派是由美國心理學家華生於一九一三年創立。此學派主要論點為個體一切行為的產生與改變，都是刺激與反應的連結關係使然。在生活中，許多父母慣用打罵的方式教育小孩，認為處罰過了小孩就會記得不再犯錯，這就是一種行為學派的思維。「連結學習理論」是行為學派教育心理學的理論代表，其中分為兩大理論：一是俄國生理學家巴夫洛夫從狗的反射實驗中發現給予食物刺激會激發狗的唾液反應，因此提出運用適當條件的刺激以引發預期反應的「古典制約」學習理論；另一為「工具制約」學習理論，這種學習方式起於二十世紀初美國著名教育心理學家桑代克，他說明了當學生出現某種行為，教師立刻給予認可或讚許，學生即會感到滿意，該行為就會被強化而保留。在三〇年代後，美國心理學家斯肯納以白老鼠進行實驗，提出「操作制約」學習理論，這項理論後來在補救教育與心理治療等各方面形成一種新技術，至今仍常為教育、輔導、諮商人員使用，稱為「行為改變術」。

人本心理學派

人本心理學是由美國心理學家馬斯洛與羅傑斯於五〇年代所創立。人本心理學認為人性本善，且人具有高度的理性與潛能，所以在教育的歷程中，學生必須是教育活動的中心，每個學生都應受到重視，關注每個學生的個別差異與身心發展，提供符合不同發展階段與個別需求的教育情境，協助學生發揮潛能，達到自我實現。

認知心理學派

認知心理學在二十世紀中期之後成為心理學的研究主流。剛開始的認知心理學，主要探討人類接收訊息後的處理過程，因而被稱為訊息處理論；後來慢慢擴充研究，進一步探究人類思考、記憶、理解、想像等複雜的心理歷程，希望能解開人類大腦運作的模式。認知取向的教育心理學，主要研究的面向為學習者在學習過程中記憶、語言、知覺、問題解決、推理過程等方面，近年來非常受到重視。

建構主義

另一影響現今甚深的學習理

論為建構主義學習理論，可分為兩大取向：一是皮亞傑的個人認知建構主義，另一為維高斯基的社會建構理論。建構主義強調主動學習的觀念，認為知識是學習者以其原先儲備的知識與環境互動後，進而主動理解察知，建構新的知識。基於此，有人稱建構主義的學習理論也是認知學習理論的其中一環。台灣前幾年推展建構數學使得建構主義屢屢成為社會所討論的熱門話題。姑且不論近年來台灣教育發展如何，建構主義最初的理論是希望教師能營造出一個開放學習的環境，激發學生主動學習的意願，讓學生從已有的知識中建構新的知識，從中體會建構知識的方式和樂趣，進而感受學習的樂趣而樂於學習。

教育心理學學派概述

類別	說明	代表學者	主要論點
行為學派	強調可以觀察到的外在行為，認為個體行為的學習，可以透過刺激與反應的連結方法來加以塑造。	●巴夫洛夫 ●桑代克 ●斯肯納	認為只要改變環境或進一步加以操控，就可以養成所期望表現出的行為。
人本心理學派	認為教育活動的中心是學生，需關注學生的個別差異與身心發展，提供符合學生所需的教育內容，以發揮學生的潛能，達到自我實現。	●馬斯洛 ●羅傑斯	強調人有自由意志和潛能，人性本善，因此要塑造一個以學生為主體、充滿尊重與關愛的環境，讓學生的潛能得以發揮。
認知心理學派	探究學習者在教學環境下的認知發展，包括：思考、記憶、理解、想像、問題解決等歷程。	●皮亞傑 ●維高斯基 ●布魯納	重視學習者學習能力的發展歷程，並關注教師採用適當的教學策略與模式，以提高教學與學習效果。
建構主義	強調主動學習，認為知識是學習者以其既有的知識與環境互動後，進而主動去理解知覺而建構出新的知識。	●皮亞傑 ●維高斯基 ●杜威 ●布魯納	重視每個人學習的主動性，讓學習者能運用既有知識主動建構新知識。

發展理論（一）個體身心發展理論

心理學上的「發展」指人類隨年齡與經驗增加所產生行為變化的過程。過去教育著重在兒童、青少年為主的學校教育階段。近年來，發展心理學的研究範圍，則逐漸擴及成年期後人生各階段的發展上，提供了終身教育的基礎理論。

生理發展對教育的意義

人生每個階段，身體均會有不同的生理變化與發展，這些生理上的變化會影響教育上的安排。舉例來說，青少年是人生發育最快速的第二階段（第一階段為嬰幼兒期），此時第一性徵的成熟與第二性徵的出現，使男女在外表上有明顯不同，所以如何透過教育讓青少年接納自己、了解自己生理的變化、發展自我認同與培養尊重異性的態度……等，都是在青春期階段的教育可以著重的地方。

心理發展在教育上的應用

心理發展主要包含認知發展與社會發展兩大層面。認知發展方面，如皮亞傑所提出的認知發展理論，認為個體認知發展依循感覺動作期、前運思期、具體運思期及形式運思期四個階段，個體在認知發展上會因不同階段而出現個別差異，所以教育須依照學生的認知階段來安排。此外，美國認知心理學家布魯納認為，安排教材的順序亦應配合學生的認知發展。如果教材的組織結構能配合學習者的認知發展，就能達到良好的教育效果。

在社會發展上，則是以艾瑞克遜的理論影響最大。艾瑞克遜將人生全期區分為八個發展階段，每一階段依序發展，但唯有適時地化解前一階段的危機，才能順利往後發展；若無法化解，則會阻礙下一階段的自我發展。艾瑞克遜的心理社會發展理論提醒教育者要關切學習者的每個發展階段，適時協助其抒解心理困境，使其能順利地往下一個階段成長。

不過，真正將各階段發展任務做系統化整合的是美國芝加哥大學教授哈維赫斯特。他認為成人的人格，依照年齡的不同呈現一種有次序、順序的變化，這些變化不只受時間的影響，更重要的是在時間演變的過程中，與各種生物和社會事件交替影響的結果。哈維赫斯特的發展任務論中有項重要的觀點，就是發展任務發展過程中的「關鍵期」。在關鍵期限內必須完成特定的發展任務，如果任務完成超過時間，不但會影響目前任務的學習，更會阻礙往後的學習效果。哈維赫斯特與艾力克遜最大的不同，在於哈維斯特的發展任務論兼具生理、心理和社會因素，界定了社會發展對教育的重要性。

發展理論簡要說明圖

認知發展

| 布魯納 認知發展理論 | 皮亞傑 認知發展理論 |

社會發展

| 艾瑞克遜 心理社會發展理論 | 哈維郝斯特 發展任務理論 |

感覺動作期
0～2歲

透過身體各部位直接接觸來獲得基本經驗。

動作表徵期
0~2歲

以「動作」了解世界

前運思期
2～7歲

根據知覺所得印象，表現行為充滿自我中心的傾向。

形象表徵期
2~11歲

以感官獲得的心像了解世界

具體運思期
7～11歲

藉由實物具體的接觸而瞭解事物間的關係。

符號表徵期
11歲以上

以符號了解世界

形式運思期
11歲以上

思考能力已趨成熟，可以進行抽象的推理、思考、判斷等心理活動。

階段	心理社會危機/衝突	理想發展
出生～2歲	信任 vs. 不信任	對人信任
2～3歲	自主 vs. 羞愧懷疑	自治與自信
3～5歲	自動自發 vs. 退縮愧疚	進取又獨立
6歲～青春期	勤奮努力 vs. 自貶自卑	能幹有成就
青春期至青年期	自我認同 vs. 角色混淆	人格統整、生活定向
成年期	親密團結 vs. 孤僻疏離	良好感情生活、成功人際關係
中年期	勤奮生產 vs. 頹廢遲滯	事業有成、婚姻美滿
老年期	完美無憾 vs. 悲觀絕望	老有所終、統整智慧

早兒童期0~6歲

學習生活所需的能力。

兒童期6~12歲

學習未來生活所需的知能。

青少年期12~18歲

培養未來獨立生活的能力和態度。

早成年期18~30歲

開始職業生涯、準備結婚生子。

中年期30~60歲

努力獲得職業上的成就感、達成成人的公民社會責任。

晚成熟期60歲~

彈性適應社會角色的轉變、建立滿意的生活安排。

發展理論（二）個體身心發展理論

台灣推行教改已二十年，引發社會質疑的其中一點，是學生「品格力」下降的問題。自民國九十年正式實施九年一貫課程之後，「公民與道德」科目消失了，分散於生活、輔導、社會科領域中。近年來，層出不窮的學生問題與社會事件，讓社會重新思考道德教育的重要性和必須性。

道德發展理論

近年來，道德理論中的認知發展理論備受重視。以認知發展觀點解釋道德發展的學者，主要有皮亞傑、郭爾堡。其中皮亞傑的道德認知理論，又以其「認知發展論」為基礎。他於一九三二年出版《兒童的道德判斷》一書，研究兒童玩彈珠的遊戲規則，發現兒童在道德上的判斷能力與智慧的發展齊頭並進。皮亞傑將道德認知發展分為三階段：無律、他律、自律。道德表現是經由思考能力來做出是非的判斷，思考模式會隨年齡的增長而有質和量的變化。所以，隨著年齡的增長伴隨經驗與能力的綜合累積，個體的道德認知發展也會逐步成長。

另外，哈佛大學教授柯伯格提出道德發展理論三期六段論，以「道德兩難問題」對學童進行研究。他認為兒童的道德發展是循序漸進地由他律到自律，也就是從缺乏是非善惡觀念到服從法律規範，再建立個人的善惡倫理價值觀。所以，道德教育的實施必須配合兒童的生理發展，先制定適當的他律規範，再培養學生在道德上具有判斷與自律的能力。

道德的認知發展，每一階段都是循序漸進而向上提升。在達到某一階段而呈穩定狀態，就不會回歸或退回前一個階段。因此，道德的發展相當需要教育者在學習者的成長中，培養學生有良好的德行概念。

道德與品格教育

一九八五年，聯合國教科文組織召開「二十一世紀研討會」特別提出：「道德、倫理、價值觀的挑戰」是二十一世紀人類面臨的首要挑戰。近年來，美國推動「新品德教育」，強調多元創新教學模式推廣當代的核心價值。英國以培養良善公民為目標增訂「價值教育」與「公民道德教育」等課程。至於新加坡與日本，始終將道德教育納入正式課程，彰顯其重要性。綜觀全球，均凸顯品德教育為世界重要議題。

台灣二十年來的教育改革，雖然將「公民與道德」一科廢除，分散至其他社會學科之中。但推行道德品格教育的實踐行動並未間斷。面對當前價值觀分崩離析的世界，道德教育不能侷限於四維八德的傳統價值。道德教育的重心，應在於培養孩子在面對多元的環境或兩

難的問題時，有收集資料、分析事理的能力，能做出正確的判斷和反應。道德品格教育無法以量化數字來衡量績效，要教導孩子成為一位「有思考能力」且「正直誠實」的人，是一條潛移默化的教育之路。

兩大道德發展理論：發展認知論VS.三期六段論

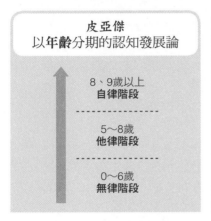

皮亞傑
以**年齡**分期的認知發展論

8、9歲以上
自律階段

- - - - - - - - -

5～8歲
他律階段

- - - - - - - - -

0～6歲
無律階段

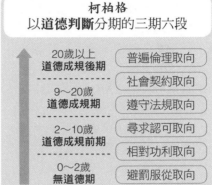

柯柏格
以**道德判斷**分期的三期六段

20歲以上
道德成規後期　｜普遍倫理取向｜
　　　　　　　　｜社會契約取向｜
- - - - - - - - -
9～20歲
道德成規期　　｜遵守法規取向｜
　　　　　　　　｜尋求認可取向｜
2～10歲
道德成規前期　｜相對功利取向｜
- - - - - - - - -
0～2歲
無道德期　　　｜避罰服從取向｜

台灣道德教育的教改之路

年度	
93年	**「品德教育促進方案」5年計畫第一期** 以我國既有的共同校訓與德目為基礎，選定品德核心價值並制定具體行為準則，進而融入學校正式課程、非正式課程以及校園文化，以發展具有特色且永續之品德教育的校園文化。
95年	**「品德教育促進方案」微幅修訂** 督促各校將品德核心價值與行為準則，融入相關學習領域及彈性學習節數中實施，並納入學期課程計畫中加以審慎規畫。
96年	**「大專校院服務學習方案」** 推展「服務學習」，鼓勵學生從「做中學」，以強化專業知識的應用與關懷利他價值的實踐。
98年	**「品德教育促進方案」5年計畫第二期** 著重「品德核心價值」建立、以及其「行為準則」的實踐。

實施原則

創新品質、民主過程、全面參與、統整融合、分享激勵。

6E教學方法

典範學習（Example）、
啟發思辨（Explanation）、
勤勉激勵（Exhortation）、
環境形塑（Environment）、
體驗反思（Experience）、
正向期許（Expectation）

什麼是學習？

在教育心理學研究領域中，「學習」是最重要的研究主題之一。一般教育心理學家對「學習」的解釋是：「經由練習或經驗使行為或認知產生較為持久性改變的歷程」。猶如小時候練習騎腳踏車的過程，從跌跌撞撞到徐徐前進，最後騎著腳踏車兜風，這個過程就是學習的歷程。

受刺激反應連結的學習

在哲學理論中，長久以來對於學習有兩派的說法：一是理性主義，認為感官經驗的學習只能得到片段的知識；另一為經驗主義，認為透過感官經驗，可將新、舊經驗重新組織，獲得學習成效。

影響教學理念與方式長達半世紀之久的行為主義學習理論，就是以經驗主義發展的學習理論。行為學派認為，學習是以一連串刺激與反應的連結和結果為基礎，建立制約作用，產生預期的行為反應，然後再配合增強或持續強化等作用，讓行為得以持續的歷程。現今許多小學教師推行「乖寶寶」貼紙，也就是企圖強化兒童行為的一種制約學習機制。

主動認知的學習

然而，刺激與反應間的學習就能解釋所有的學習歷程嗎？一九二〇年代心理學家柯勒在黑猩猩的研究中，發現有時學習並不需靠經驗或練習，只要透過觀察、思索，進而頓悟，產生學習活動。此時，學習理論也由行為學派主張靠刺激引發反應的學習歷程，漸轉向以理性主義為基礎的認知學派學習理論。

認知學派認為，人本身會主動探索，因此學習是經由辨識、理解而獲得知識、經驗的過程。例如皮亞傑認為每個人天生會有一套用以了解周遭世界的認知基模，透過心理與外界環境的接觸與重組，產生調適、同化、適應等作用，進而建立自己的知識系統。另一位學者布魯納，則認為人的認知過程可分為動作、影像、符號三個階段，從口、手動作，到發展智能、運用留在記憶中的影像獲得知識，然後使用語言、文字等符號進行邏輯思考。

因模仿認同而來的學習

有時，學習是間接習得的。在教育上常用「模範生」來引發見賢思齊的教育作用，這就是所謂的觀察學習。七〇年代，美國史丹福大學教授班都拉提出「社會學習論」，認為學習者在社會情境中，經觀察別人的行為表現與後果，從而產生模仿、認同等間接的學習。因此除了學校教育，家庭、社會對下一代的影響也很重要，例如電視、家暴等對兒童的影響。

　　觀諸學習理論的發展可知，從重視外顯行為學習的行為論獨霸一方，到重視學習歷程的認知論興起；至今，新行為主義、社會學習論、訊息處理論、建構學習論等多種學派相繼而起，每種理論均能解釋不同性質、層次的學習。而在實際的教育環境中，惟有重視個體差異，熟習各種不同的學習理論，並靈活運用，才能達到適當的學習效果。

行為主義學習理論

學習是刺激與反應間的連結關係所導致，強調行為的學習。

- **代表理論**：古典制約學習、操作制約學習
- **代表學者**：巴夫洛夫、桑代克、斯肯納
- **特色**：
  ▶ 運用增強作用，促進制約刺激產生反應的有效連結。
  ▶ 在行為塑造上，有效運用制約、類化、增強、削弱等概念。

認知主義學習理論

學習是刺激與反應間的連結關係所導致，強調行為的學習。

- **代表理論**：認知結構學習論、訊息處理學習論
- **代表學者**：皮亞傑、布魯納
- **特色**：
  ▶ 教師在教學前必須先了解學生的認知發展階段，以設計適合的課程與教材。。
  ▶ 提供學生有效的學習策略，以提高學生的認知能力。

主要的學習理論

社會學習理論

運用學習心理學的基本概念，解釋人經由觀察、模仿而習得行為或改變行為。

- **代表學者**：班都拉
- **特色**：
  ▶ 身教、境教重於言教。
  ▶ 安排適宜的學習環境，提供學生認同楷模的示範，而產生見賢思齊的效果。
  ▶ 訂立適當的學習目標，引發學習動機進而主動學習。

人本主義學習理論

人具有學習的潛能，只要有適當的動機，將阻礙學習的因素降至最低，配合適當的教材與方式，學習就會產生。

- **代表學者**：馬斯洛、羅傑斯
- **特色**：
  ▶ 學習必須與生活結合，並以學習者為學習重心。
  ▶ 每個人均有學習潛能，掌握學習動機，讓學生自發地進行學習。

認知發展與學習

由於學生的認知發展狀態對教學和學習都有很大的影響，因此「認知心理學派」是當今教育心理學的學習理論主流之一。談到認知發展與教育的關係，必須介紹以下三位學者：皮亞傑、維高斯基、布魯納。

皮亞傑與維高斯基的認知理論

瑞士學者皮亞傑提出四個認知發展階段，讓教育開始重視學習者的內發性與主動性，也重視學習者的個別發展差異，注重依循學習者認知發展的階段來設計課程與學習方式。

俄國心理學家維高斯基的理論後來傳至美國，並引發熱烈的研究與討論。維高斯基的認知發展論與皮亞傑的不同在於，他強調社會文化因素對兒童認知發展的影響。維高斯基認為社會中的文化、風俗、制度都會影響兒童的學習，所以改善所處的社會環境，有助於兒童的認知發展。維高斯基理論中最受人重視的就是「近側發展區」的概念，強調教師在兒童認知發展過程中所扮演協助者角色的重要性。所謂「近側發展區」是指，學生原有實力可達到的水準，和經教師協助指導後可達到的水準，兩者之間的差距。至於教師所提供的協助指導則稱為「鷹架作用」。因此，教師在教育過程中必須掌握學生原有的學習程度，提供適時適切的協助，讓學生循序漸進地發展更高層的能力。

布魯納的認知學習理論

美國當代教育心理學家布魯納深受皮亞傑認知發展理論影響，提出認知發展三階段論。他認為學習和認知的發展都是循序漸進的，所以強調學科、教材的邏輯性，提出「螺旋式課程」的概念，教材必須由淺入深、由窄而寬、由具體而抽象，讓學習能符合學生的認知發展，並使學習能產生正向遷移，不會產生不當的挫折感，使學習者具有成就感而維持學習興趣。

如何記住所學習的知識？

另一派認知心理學則提出認知歷程的「訊息處理理論」，說明個體如何經由感官感覺、注意、辨識、轉換、記憶、儲存訊息，吸收再加以運用知識的歷程。從訊息處理理論可知，人類學習的第一步是接受訊息，所以，如何讓學生專注、選擇、吸收訊息，再讓吸收進去的資訊能進入長期記憶，並靈活運用記憶中的知識，也成為教育中必須關注的部分。

因此，教師除了要了解學習者的認知發展和原有能力程度外，也必須設計適宜的學習環境、適當的教材與課程內容，讓學生能主動參與學習，有效地將吸收的資訊形成

長期記憶,轉化為己有的知識。這就是認知發展理論對教育、教學、課程等各層面的最大貢獻,也是認知學派教育心理學至今仍受到重視的原因。

維高斯基的近側發展區概念

目標 從只會加減法到學會乘除法

教師從旁協助,使學生發揮潛能。

學會乘除法了!

原有能力

只會加減法

耐心講解
案例解說
獎勵措施

潛在能力

近側發展區　　鷹架作用　　達成目標

訊息處理理論的認知歷程

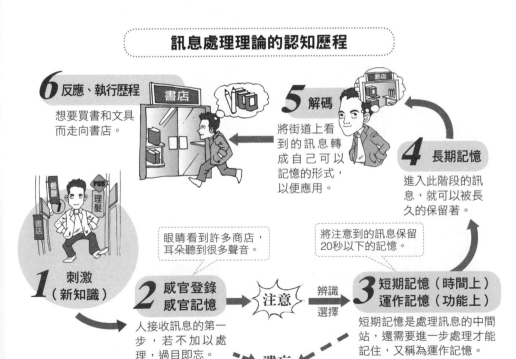

6 反應、執行歷程
想要買書和文具而走向書店。

5 解碼
將街道上看到的訊息轉成自己可以記憶的形式,以便應用。

4 長期記憶
進入此階段的訊息,就可以被長久的保留著。

1 刺激(新知識)

2 感官登錄 感官記憶
人接收訊息的第一步,若不加以處理,過目即忘。

眼睛看到許多商店,耳朵聽到很多聲音。

注意

辨識選擇

將注意到的訊息保留20秒以下的記憶。

3 短期記憶(時間上)運作記憶(功能上)
短期記憶是處理訊息的中間站,還需要進一步處理才能記住,又稱為運作記憶。

遺忘

智力理論與學習

在教育中我們常說要重視每個個體的個別差異，其中很重要的一項差異即是智力。傳統的智力講究高低之分，當代的智力則強調各種不能的能力，智力差異就是各種不同能力的差別。

什麼是智力？

智力，是指一個人所擁有的才智能力。關於智力的定義，歸納心理學家的看法，為以下兩種取向：一是對智力做抽象性的描述而不做具體的解釋，例如：智力是抽象思考的能力、解決問題的能力等概念性定義。另一種則是採用具體數字測量的方式來界定智力，例如以智力測驗所得結果的操作性定義。

常見的智力理論

心理學關於智力的理論相當多，二十世紀初，英國心理學者斯皮曼提出智力二因論，美國學者卡提爾和何恩則將智力分為流質智力與晶質智力（又稱固定智力）。後來有學者認為智力不只由兩個因素組成，應由多種能力組成。美國賽斯通提出七種基本心能論，基福特提出智力結構論，由多種能力組成的智力可經由智力測驗測出。不過，上述主張卻遭到反駁，美國嘉德納提出人類具有八種智力的智力多元論、美國耶魯大學教授斯騰伯格也提出智力三元論，他們均主張傳統智力測驗，並無法真正測出人類擁有的多元智能。應該根據不同的智能設計測驗方式，才能了解每個人所擁有的能力，再針對此加以發展。

智力測驗準確嗎？

智力理論的發展，從依賴智力測驗所測得的能力，發展到認為智力測驗的結果可能會有窄化個人的真實能力。而每個人之所以在智力上會有高低之別，是因為每個人在不同情境下對對訊息處理的方式不同。當前的心理學家都認為智力是遺傳與環境兩種因素交互作用下的結果，隨著個體的發展，智力的發展在質、量上均也隨著年齡而增長。

整個智力理論的發展，也逐漸影響了教育的實施。以往教育相信智力測驗的結果，智力不足的人就會被放棄。現今，有各種不同的教育方式，相信每個人都具有多元能力，只是每個人背景與發展速度的不同而已。因此教師能要有耐心與教學熱誠，妥善安排各種教學內容，以引導學生發展潛能，讓每個人的能力都予以展現。即使智能比常人低的人，也能透過適當的教育方式，發揮其潛在的特殊能力、或學習基本生活所需的能力，達到可以自行生活的基本目標。

主要智力理論簡述

斯皮曼
智力二因論

人類智力包含普通智力（簡稱G因素）與特殊智力（簡稱S因素），一般智力測驗所測的部分即為普通智力。

普通智力
先天遺傳

人類智力

特殊智力
優於他人的能力

卡提爾＆何恩
流動智力＆晶質智力

將人類的心智能力分成以下兩種：「流動智力」是以生理為基礎的認知能力，會隨著年齡增長而降低。「晶質智力」是以後天學得經驗為基礎的認知能力，與教育、經驗有關，與年齡發展則無關。

■ 流動智力
■ 晶質智力

隨著年齡增長，對新事物快速辨識、理解及記憶的流動智力會衰退。

在智力發展期，趁記憶力強多吸收新知，能為以後晶質智力打下基礎。

賽斯通
基本心能論

每個人的智力組成中，均包括以下七種基本能力。

基本心能測驗
根據七種基本能力編制的智力測驗（簡稱PMAT）

語文理解 V
聯想記憶 M
一般推理 R
數字能力 N
空間關係 S
語句流暢 W
知覺速度 P

基福特
智力結構論

智力是思考的表現，由思考內容、運作及結果構成了智力結構。

思考內容
視覺
聽覺
符號
語意
行為

＋

思考運作
評價
聚斂思考
擴散思考
記憶
認知

＋

思考結果
單位
類別
關係
系統
轉換
應用

智力結構模式

嘉德納
智力多元論

智力分成語文、數理、空間……等八種能力。認為智力同時受遺傳及文化的影響，傳統智力測驗不足以衡量學生的個別差異。

智力

語文　數理　空間　音樂

體能　社交　自知　自然探索

斯騰伯格
智力三元論

構成人類智力有三種不同成分，每個人所擁有的智力成分程度不同，因此每個人面對相同情境會有不同表現，也呈現出智力高低的差異。

組合性智力
訊息處理與解決問題的能力

實用性智力
成功適應環境與生活的能力

經驗性智力
運用既有經驗發展新經驗的能力

教育需促進人格發展

所謂人格，我們常用的類似詞語還有性格、個性、人品等，是指個體在對人及一切環境事物適應和反應上異於別人的表現方式，像是有些人看到路上大塞車會破口大罵、有些人會企圖橫衝直撞、有些人則冷靜以對，由此可知每個人都有不同的人格特性。

人格理論有哪些？

心理學上關於人格的理論相當多，與學習相關的可分為「特質」及「學習」兩大取向。

◆**特質取向的人格理論：**包括奧波特以個案研究法提出的人格特質論，將人格特質區分為：首要特質、中心特質與一般特質。一般我們常形容他人的詞彙，如：活潑的或安靜的，就是個體的中心特質。另有卡提爾所提出的人格因素論，將人格區分為表面特質與潛源特質，並認為潛源特質才是一般人的人格基本特質。人格特質理論，在教育中提醒教師細心觀察每個學生的人格特質，發覺並引發每位學生良好、潛在的特質。

◆**學習取向的人格理論：**學習取向的人格理論認為人格是學習而來的。操作制約學習的創始人斯肯納，認為可以運用增強作用與後效強化來影響人格的發展與形成，所以他的人格理論被稱為「人格操作制約論」。他舉例說，人會因受獎勵而奮發圖強、或因懲罰而改過自新，都是人格經由操作制約學習的最佳說明，他的理論也說明了人格發展受到環境的影響很深。

另一位社會學習理論的創始者班都拉提出了「人格社會學習論」。他認為個體可經由觀察、模仿，來形成自己的人格特性。因此，有人可以見賢思齊，形成良好人格，但也可能觀察到不好的榜樣，而學習到不好的人格。所謂「身教重於言教」或「近朱則赤，近墨則黑」，就是人格學習的最好說明，教師必須隨時注意自己的言行舉止，並選取適合的人格模範讓學生藉由觀察而學習，再透過適當的增強作用來強化良好人格的發展。同樣道理，在家庭與社會教育上也是如此。

了解人格對教育的重要性

人格的發展影響個體一生，所以在教育上非常重要，也會影響到學習上的安排。佛洛伊德說，「三

習得的無助感

當人在學習過程中，因認知、動機、情緒等因素交互影響下，對目前所處環境、問題產生「無論我怎麼做也沒有用」的絕望意念時，就是陷入習得無助感的心理。在教育和生活上，教師和家長必須注意勿讓兒童及青少年陷入這樣的心理狀態。

歲定終身」，也許有些誇大，但人格的發展確實受遺傳及環境很大的影響，除了教育之外，還需要家庭與社會的共同支援，才能建構一個良好的人格發展環境。

影響人格的因素圖

後天因素
家庭教養
學校教育
居住環境
社會文化

人格

先天因素
遺傳

人格理論與學習的關係表

類型	人格理論	理論要義	人格理論對教育的影響
特質取向	奧波特 人格特質論	● **首要特質**：足以代表個人最獨特個性的特質。 ● **中心特質**：構成每個人人格特質的核心部分。 ● **次要特質**：個人只有在某些情境才會出現的特質。	每個人都有自己獨特的個性，所以「因材施教」很重要。教師要細心了解每個學生的特性，讓學生良好的潛質能發揮出來。
	卡提爾 人格因素論	● **表面特質**：個體表現於外，被認定的行為特質。 ● **潛源特質**：依據表面特質推論而得，是隱藏於個體內在的真實特質。	
學習取向	斯肯納 人格操作 制約論	運用增強作用與後效強化來影響人格的發展與形成。	所謂「身教重於言教」就是人格社會學習的最好說明。所以小從家庭至學校，大至整個社會文化，均需建造一個適合下一代良好人格成長的環境。
	班都拉 人格社會 學習論	經由社會觀察、模仿，來形成自己的人格特性。	

運用動機促進學習

古人說：天下無難事、只怕有心人。這裡的「心」即是指「動機」，所以只要有動機、有適當的方法，每個人都能達到理想的目標。學生如果缺乏動機，就會失去學習動力，教師在教學上就會感到困難，如何引起學生學習的動機、並維持及增加動機，是教育心理學上的一個重要議題。

什麼是動機？

動機是指激發、引導、維持個體行為的一種內在作用。有人會用需求、誘因來等同動機一詞，但並不能完全說明動機的意涵。關於人類的動機，心理學家有各種不同的說法。簡單來說，動機可以分為內在動機與外在引發的動機兩種。內在的動機，像是餓了就會找東西吃，想追女生才努力健身等；而看到喜歡的東西想買回家，或想要得到校長頒發的獎狀等這類的行為，則是受外界環境所引發的動機。在教育場域中，有時善加運用學習者內在和外在引發的動機，可以促使學習者努力學習、或藉以改掉不良習慣。

與教育有關的動機理論

與教育關係密切的動機理論有「成就動機論」與「需求層次論」。所謂成就動機，簡單而言就是個體有追求成就的內在動力。在成就動機中有兩種相對的心理：希望成功與恐懼失敗，所以該理論應用在教育中，教師必須以適當的目標激勵學生努力學習，並減少學習挫折、克服學習障礙。同時，教師需讓每個學生都有成功和失敗的經驗，安排適當的教材，讓學生明瞭只要努力就有成功的機會。

另一項是馬斯洛提出的「需求層次論」。馬斯洛是著名的人本心理學學者，他認為每個人都有內發性動機，會努力追求自我實現的理想，只要最基本的生理需求獲得滿足，就會逐漸往較高層的需求發展。馬斯洛的理論給予教育最大的啟示是，注意學生的生活環境。如果學生的生長環境不佳，就必須提供支援，才能使學生安心學習。所以教師必須發揮教育愛，並適時鼓勵學生了解自我，往自我實現的理想邁進。

如何運用動機引發學習？

如何引發並維持學生的學習動機是教育的重要課題。在引發動機方面，必須先了解學生的需求，再與學生的興趣結合，以建立可達成的目標，並適時提供回饋。其中獎勵的效果優於懲罰，可以使學生在學習中獲得成就並能持續往目標邁進。但在學習的過程中，難免會有失敗的經驗，也會影響個人繼續學習下去的動機，教師必須掌握動機

理論的使用,並了解學生對結果的正確認知,才能選擇適當的方式激勵學生,繼續往理想目標努力。例如:有學生會將失敗原因歸咎於自己不夠努力,如果教師能建立他的信心,給予練習或多次複習,他下次追求成功的動機就會比較強烈。

主要教育心理學派提出的動機理論

理論	代表人物	動機來源	教育特點
行為論	**斯肯納**	外在	運用增強、強化作用來提升學生的學習動機。
人本論	**馬斯洛**	內在	強調自發性的動機。建立目標,讓學生能努力朝向自我實現的目標邁進。
認知論	**威納**	內在	人有主動追求的動機,可掌握學生的成敗歸因方式,促其達成期望的意圖。
社會學習論	**班都拉**	外在&內在	建立目標與期望,透過適當的獎勵或懲罰,使學生提升自我效能。

影響個體學習相關因素

家庭環境

影響

個體特性
• 生理發展
• 智力
• 認知形態
• 人格
• 自我概念
• 動機
• 學習風格

影響

影響

學習需求
• 課程安排
• 教材設計
• 教學方法
• 學習策略
• 教學環境

影響

社會環境

正向心理學與教育

一項權威的心理學研究顯示，正向思考的人，不論薪資與健康，都比負面思考的人來得好。在這個挫折叢生的年代，必須學會正向思考，才能立於不敗之地…《摘自商業週刊，第974期》。世界衛生組織指出憂鬱症將是二十一世紀最嚴重的疾病之一。為了人們的心理健康，正向心理學企圖將人們導向光明、積極、快樂的人生，因而備受重視。

正向心理學的興起

以往傳統心理學偏重負向及病理的角度來了解人類的心理活動，隨著「預防勝於治療」的理念出現，且愈來愈多傳統心理學無法解釋的情形發生，心理學界的「第四次改革運動」－正向心理學（Positive Psychology），香港翻譯為「正面心理學」，大陸為「積極心理學」，正式成為心理學研究的重點之一。

「正向心理學」是由美國賓州大學賽利格曼教授在二〇〇〇年所提出，目的在於幫助個人找到內在的正向能量，作為面對挫折的緩衝，並且幫助個體在逆境與困難之中，不會輕易落入憂鬱的情緒中。美國心理學家期刊二〇〇一年三月發表主題為「正向心理學」的研究。牛津大學在二〇〇二年出版正向心理學手冊。英國劍橋大學在二〇〇五年，首度成立正面思考研究中心。美國哈佛大學於二〇〇六年，首度開設正向心理學課程，成為全校最受歡迎的課程之一。由此可見，正向心理學已成為一股最新的學術趨勢，引起各方重視。

正向心理學與教育的關係

正向心理學是一門探究快樂的科學，目的在於促進人們身心達到安適。過去教育心理學承襲心理學上偏重人性弱點和缺點的研究，在教育和輔導上多從管教與控制等消極面出發。雖然後來有情緒智商（EQ）可測試自我情緒控制的能力，但對於情緒管理仍是採消極性的態度。面對愈來愈競爭的世界局勢，大環境快速地變遷讓人們的壓力和情緒更是難以消除。隨著正向心理學的提出，教育界也開始重視此項趨勢。如果正面思考能啟發學生內在的學習動機，積極地學習，獲得成就建立自信。即使面對挑戰和衝擊，正面思考的樂觀態度，也能幫助個人找到內在的正向能量、提高面對挫折的容忍力。另一方面，面對愈來愈艱難的教學環境，教師若能把正面思考的能力，運用在班級經營、師親溝通、課程設計和教學實務上，必然也會有所助益。

正向心理學的理論還在實際驗證的階段，但其中強調正面思考、樂觀進取的論點，對於妳我而言都極具影響力。在教育上，有正面思考的教育環境、教師、家庭和社會，才有可能培育正面思考的下一代，建立更知足、快樂、充實的未來。因此，面對問題和挫折時，別忘了「正面思考」的力量！

正向心理學的興起與應用

正向心理學的根源：人本心理學

- **發展年代**：西元1950年以後
- **主要學者**：馬斯洛、羅傑斯
- **基本假設**：人性本善
- **探討方法**：個人表述
- **主要主張**：相信人有潛能，每個人都有創造力和自我實現的能力。

從關注人類潛能與滿足生命的觀點出發

正向心理學

- **發展年代**：西元2000年以後
- **主要學者**：賽利格曼、彼得森
- **基本假設**：人性有善有惡
- **探討方法**：科學法量化
- **主要主張**：相信快樂有能量，提供正向經驗可促進正向的結果。

正向學校
- 校長領導
- 班級經營
- 教育方式
- 情緒教育
- 生命教育

正向心理學的教育應用

正向家庭
- 管教態度
- 人生價值

正向社會
- 社會關係
- 文化價值

	正向心理學	VS.	傳統心理學
中心思想	注重全人發展		以問題為中心
對人假設	個人、群體和社會充滿生機和希望。		人會產生問題和被動
介入焦點	提倡在正面和負面間取得平衡，重研究、分析和找尋人類的優點與潛能。		人的問題
關鍵詞	愛、樂觀、快樂、復原力（resilience）、心流（flow）、幸福感。		憂鬱、無助感、悲傷、痛苦
弱點	待證明和發展		忽略發掘人的潛能、優點和防禦

淺談教育社會學

教育學有三大重要基礎理論，包括前面已提及的哲學與心理學、另一即為本篇所要說明的社會學。教育社會學融合了教育學與社會學，運用社會學觀點來分析教育的內涵，並進一步解決教育問題。由於教育與社會的組成、發展息息相關，教育社會學也因此成為熱門的研究學科。

教育社會學探討社會變遷、經濟、階級、種族、文化、傳播媒體以及教育政策、學校組織等議題，除了具有學術研究的重要性外，更能使社會與教育現況緊密結合，相得益彰。

學習重點

- 什麼是教育社會學？
- 教育社會學有哪些重要理論？
- 社會變遷與教育有什麼關係？
- 教育政策如何影響社會發展？
- 社會階級的流動跟教育有何關係嗎？
- 教育與文化如何互相影響？
- 什麼是學習型學校？

教育學＋社會學＝教育社會學？

教育社會學是融合教育學與社會學的一門學科，教育社會學運用社會學的觀點來分析教育的內涵，並進一步探討教育問題的因應之道。

社會學與教育學的關係

簡單來說，社會學是一門研究社會各個層面的學問，其主要的研究範圍有：個人與社會的關係和互動，也就是社會化的過程；社會的結構、組織、制度與運作；文化與次文化；社會的階級與流動；以及社會變遷與發展等議題。而教育的起源則是基於人類生活所需，教育活動實與社會發展息息相關，因此，一個完善的教育過程可說是一種社會過程，而一個健全的社會發展需依賴健全的教育制度才能竟其全功，所以社會學研究的許多面向與教育學相重疊，兩者關係密切。由於社會學對教育的理論和實施有重要的影響，於是愈來愈多學者投入社會學與教育學的研究，因而產生了教育社會學。

教育社會學的意義

教育社會學是探討教育與社會之間關係的一門科學，運用社會學的概念來分析教育制度，以充實教育社會學的理論內涵，並改善教育現狀，促進社會發展。在二十世紀初首先出現「教育社會學」（Educational Sociology）這個名詞，主要是從教育學的面向探討教育與社會的關係，例如認為教育是促進社會進步的途徑；二次大戰後，實證科學研究興起，帶動社會學科的研究，教育社會學（Sociology of Education）也從教育學取向轉變為以科學實證方法，將社會學的觀點與方法運用在教育研究上。二十世紀下半葉後，尤其是八〇年代後的社會的快速發展與變遷，融入各種解釋取向的社會學思潮或理論，使得教育社會學的研究更形蓬勃。

教育社會學的研究目的

社會學的研究領域包含政治、經濟、文化、法律等，同樣地，教育社會學也重視這些領域的研究，例如：教育政策的方向、教育的財政問題、教育與文化的發展、教育法令的制訂與影響等，關心教育對社會公平與正義的影響。研究教育社會學可以協助教育者了解教育的社會現況，發現教育問題，擬定教育目標，並藉此制訂重要的教育決策。

教育小百科

● **教育社會學**：運用社會學的概念來分析教育制度，以改善教育並促進社會發展，是一門探討教育與社會之間關係的科學。

● **社會教育學**：社會教育是相對於學校教育而言，所以社會教育學就是研究學校教育以外的教育措施、活動實施與理論基礎的一門學科，如媒體教育、博物館、社教機構等等。

社會學與教育社會學的關係

社會學		教育社會學
個人與社會的關係和互動	→	個人社會化過程及與環境互動的關係
社會結構、組織、制度與運作	→	教育結構、學校組織、教育制度與運作
文化與次文化	→	教師文化與學生次文化、師生關係
社會階級與流動	→	社會階層化與教育
社會變遷與發展	→	社會變遷與教育

傳統與新興教育社會學的比較

比較項目	傳統教育社會學	新興教育社會學
發展時期	約1900-1950年	約1950年之後
研究主力	教育學者	社會學者與教育學者
研究方法	論述與思辯的討論	實證性科學驗證
基本目的	提供教育學者社會學知識	提供社會學理論
	改善或解決教育實際問題	
研究問題來源	從教育面出發，如探討教育與社會發展的關係	從社會學理論出發，如運用社會流動、社會階層、機會均等等概念來研究教育
研究範圍	龐雜（大型問題）	精簡（小型問題）
研究重點	以教育為中心	以印證社會學和教育發展為中心

教育社會學的理論發展

教育社會學自二十世紀初於美國發展至今，主要經歷了三個發展時期：一九五〇年以前屬於規範性教育社會學時期；五〇年代之後重視科學驗證的教育社會學；到了七〇年代後，則出現了解釋性的新教育社會學。不同時期的教育社會學發展，均提出不同的理論和主張。

不同發展時期的轉變

在規範性教育社會學（Educational Sociology）時期，教育社會學者認為教育是個人社會化的過程，所以教育工作者在從事教育時要幫助個人適應社會。一九二八年美國學者安傑爾提出：教育社會學應由社會學者來從事教育相關的科學性研究，從此進入以科學驗證為主的教育社會學（Sociology of Education）時期，並強調實證分析的數據化研究方法。一九六〇年代，美國教育社會學者重視社會結構、社會階層、社會流動與教育關係的研究，則為教育社會學提供大量的宏觀知識，逐步建立了屬於教育社會學的理論內容，如教育與社會階層發展的關係。隨著研究取向的轉移，到了一九七〇年代，從科學性驗證的研究取向轉移到以人際互動、語言、知識發展為重點的解釋性質性探究的研究取向，著重學校內部的討論，例如：教室、班級之間的人際互動、與知識社會學在課程方面的研究。

教育社會學的主要理論

從上述教育社會學的發展過程，可隱約看出教育社會學隨社會學理論變遷的發展過程。大致上教育社會學理論可分為三大學派：

一、**結構功能論（亦稱和諧理論）**：結構功能論認為教育是眾多社會制度中的一種，教育的目的在使個人社會化，透過學校培養具有社會共同價值信念的個人，並且培養個人適當的能力，使其能在社會上選擇適宜的工作，讓社會能在穩定中和諧地發展與進步。此派主要的學者有英國斯賓塞、法國社會學家涂爾幹、美國社會學家帕森斯和墨頓。

二、**衝突理論學派**：和諧理論的教育社會學傾向將社會視為一個穩定的體系，而衝突理論則認為社會是由不斷的對立、衝突、變遷所形成，因此在教育上也同樣顯現出階級複製、文化對立、權利衝突……等現象。主要學者包括：主張社會階級意識的馬克思、認為教育有明顯社會再製化的包爾斯與金帝斯、主張教育反應了既得利益者的符號暴力及文化再製的布迪厄、研究學校內非正式文化的艾波以及提出文化創生觀念的威里斯、還有認為學校是一種強制性、專制化強制機構的華勒。

三、**解釋論學派**：結構功能論

及衝突理論都是從宏觀角度，以整個社會的運作來解釋教育。七〇年代之後，解釋性的質性研究興起，重視人際關係、知識發展等探究意義的研究取向，因此在教育社會學研究上也開始重視教室內的人際互動、教學意義以及課程的形成過程等議題。主要學者與理論包括：胡塞爾的現象學、米德的符號互動論、葛芬柯的俗民方法論、及英國曼海姆、楊格及伯恩斯坦的知識社會學、馬庫色及哈伯瑪斯的批判理論為代表的微觀、非實證性的解釋性研究取向。

教育社會學理論的發展時期

規範性及驗證性教育社會學時期

結構功能論（和諧理論）

◎**對教育的看法：**
- 班級是一種社會體系。
- 教育在幫助個人社會化，成為社會上有用的人，協助社會在穩定中和諧發展。
- 教育有選擇功能，培養社會所需的各式人才。

◎**代表學者：**涂爾幹、帕森斯、墨頓

◎**關注面向：**社會化、社會體系

衝突理論學派

◎**對教育的看法：**
- 教育是為資本主義的存在而實施。
- 教育是社會上層階級與既得利益者的階級再製、符號暴力，讓低社經階級的學生在教育過程中產生不平等的待遇。
- 處於學習劣勢的學生會產生次文化來反抗主流文化。
- 教育是社會強制的制度和機構，師生關係是衝突且不平等。

◎**代表學者：**馬克斯、包金斯、金帝斯、布迪厄、艾波、威里斯、華勒

◎**關注面向：**階級再製、社會階級化、符號暴力、文化再製

解釋性教育社會學時期

解釋論學派

◎**對教育的看法：**
- 重視學校內各角色在日常生活的互動。
- 認為教師與學生都能主動決定自己的行為。
- 教師與學生的行為和文化皆有其意義。
- 知識是由社會建構而來、課程是社會重組過的知識，所以課程與知識反應了社會權力的分配狀況。

◎**代表學者：**胡塞爾、米德、葛芬柯、曼海姆、楊格、伯恩斯坦、馬庫色、哈伯瑪斯

◎**關注面向：**人際關係、語言、知識與課程、師生互動

社會變遷與教育

近年來，科技進步、政治多變、人口老化等都是社會變遷的主要現象。這些現象同時會影響教育的實施，而教育的普及也會促進社會發展。由此，可以歸納出社會變遷與教育的三種關係：社會變遷影響教育、教育促進社會變遷、教育成為某種社會變遷的條件。

社會變遷如何影響教育？

比方說，隨著科技進步、網路便捷、多元視聽媒體出現，在教育上也跟著變得豐富與多元化，「班班有電腦」、「人人能上網」、「消弭數位落差」都是耳熟能詳的用語，由此看出網際網路對教育的影響。再者，社會開放及民主趨勢，讓「教育機會均等」成為當今教育的重要政策，也是教育社會學近二十年的重要研究主題。教育機會均等的精神不僅適用於國民教育階段，也同樣適用於早年失學的人民，使其有機會再接受教育學習識字。另外，像終身學習的潮流，也是在現代知識經濟的影響下而產生的教育觀念，目的在推動每個人提升競爭力以有效因應社會的各種需求。

教育促進社會變遷

社會變遷包括社會階級的向上流動與向下流動，「台灣之子」的奮鬥故事：農戶的赤腳小孩也有機會當上總統，就是一個典型向上流動的例子。隨著教育普及與發展，知識分子以知識引導社會、經濟、政治各層面的發展，也進而促使社會從農業社會、工業社會、後工業社會、科技社會發展至現今所謂的知識社會，至於未來社會將會如何變遷，同樣地掌握在教育上。

教育形成某種社會變遷的條件

巴西成人教育學者弗雷勒認為，要讓社會進步惟有讓人民接受教育，以識字來啟發思考，使人民的素質普遍提升，藉以形成促進社會發展的有利條件。現今，知識經濟與全球化競爭，台灣要邁入先進、開發國家的行列，惟有讓人民接受終身教育，並且科學與人文教育並重，讓人民有知識、更有思考能力，台灣社會才能進一步提升與發展。

教育機會均等

教育機會均等是各國政府、教育研究者相當重視的一個議題與目標。均等與不均等，是一種比較下的結果，例如重男輕女的社會中，只有男生能讀書，這就是一種不均等的教育機會。所謂教育機會均等，就是不論階級、性別、種族、年齡、地區，兒童至成人、老人都有接受教育的權利與機會。

面對二十一世紀的發展，世界各國對教育更是重視，各國均陸續提出教育方針與藍圖，希望透過教育讓社會更進步。台灣教育近二十年來經過多次教育改革，其出發點無非都是希望能讓教育更符合社會發展與人民需求。

社會變遷與教育的關係

社會變遷
- 老年人口增加
- 生育率下降的少子化現象
- 城鄉差距明顯
- 政治民主、開放的趨勢
- 科技不斷創新發展
- 全球化的競爭
- 家庭結構與功能的改變

影響

教育需求
- 高齡者教育需求興起
- 教育權利的要求
- 教育機會均等的趨勢
- 階級向上流動的需求
- 知識普及化的需求
- 國際觀與國際交流的培養
- 價值觀澄清的需求

影響

教育發展
- 高齡者教育型態蓬勃發展
- 推動小班小校制
- 教育優先區與補助計畫
- 升學政策改變與推動教育改革
- 重視科學教育，發展教學科技
- 重視外語教育與創新教學
- 重視思考教學與人文教育

影響

教育政策

教育政策可說是社會環境與教育制度相互對話的產物。也就是說，教育政策的制訂，是依據社會變遷、發展的需要，在社會發展與教育理想、實務之間構築的一座橋樑。

教育政策的內涵與性質

教育政策不僅反映出社會從過去、現在到未來的發展核心，用以因應社會發展需要，負有引導社會進步的使命。而教育制度為社會中的重要結構之一，所以教育政策的制訂必須衡量整個社會的發展。在政策制訂過程中，必須符合民主參與的原則，廣納各方意見為基礎，而為了使教育政策能確實落實，教育政策需有次序、有組織地處理社會公認的問題或關切的事務，讓執行有依據與秩序。一個國家的教育發展、教育問題的解決、教育資源的分配等事務，可說均有賴教育政策的制訂與引導，教育政策是為促進社會發展中的重要一環。

教育政策反應一國政治

曾任美國社會學會會長的柯爾曼在其著作《教育與政治發展》一書中曾提出「有其國必有其校」一詞，因為學校教育就像一面鏡子，可以反映出國家的政策。獨裁政權下的教育制度是政府為鞏固政權的工具，其教育的目的在於灌輸人民某種政治意識形態，偏重實用教育，輕視人文學科的思考培養；反之，在民主社會下的教育，教育是現代國家體系中的一環，更是人民的基本權利，教育重視個人潛能的啟發，也重視人民參與社會公共事務的能力。所以，儘管教育政策一部分是政治運作下的產物，但人民還是可以透過適當的管道表達對教育的關心，避免教育淪為政治的操弄手段。

教育政策與社會發展的關係

教育政策除了反應一國的政治形態外，也須因應市場經濟的發展與需求。六〇年代形成的人力資本論，認為教育不僅是一種消費，也是一種投資。因此，台灣在民國五十七年實施九年國民教育，讓更多人接受基本教育。其後隨著經濟的盛衰發展，社會開始質疑教育的功效，產學不合用、貧富的差異，在八〇年代之後，各國展開一系列的教育改革，推出眾多教育政策，例如：鼓勵私人興學、教育機會均等、教育自由競爭等等，藉由提振教育的功能，培育符合社會潮流與需求的各式人才，兼顧教育機會的質與量，並在國際化、民主化、自由化、多元化、公平化的原則下，讓教育的功能發揮極大化。

影響台灣教育政策的社會因素

世界趨勢　人口狀況　政治型態　經濟景氣　社會脈動　教育政策　種族與多元文化

近年台灣重要的教育政策

世界趨勢	台灣社會發展	台灣重大教育政策
五〇年代 實用主義、人力資本論盛行	經濟成長,教育需求激增。	●民國57年實施九年國民義務教育。
七〇年代 重視民主、開放、平等、人權等潮流	經濟成長、政治解嚴,社會朝向自由、開放,民間教改活動蓬勃發展,如:民間四一〇教改聯盟。	●民國77年開始呼籲並倡導「小班小校」制。 ●民國83年推動大學多元入學方案、修改師資培育法。 ●民國85年開放教科書全面審定制。 ●民國87年發表「邁向學習社會」白皮書。 ●民國88年公布教育基本法。
九〇年代 全球化及終身學習趨勢興起	政治民主、經濟發展、科技進步,深受世界的競爭需求影響。	民國90年開始推動: ●九年一貫課程改革、高中職社區化。 ●落實大學自主制度。 ●健全終身教育法制,營造學習型社會。 ●加強推動資訊與網路教育,提升全民科技知能。

教育與經濟、社會階層化的關係

隨著全球化的科技發展與經濟競爭，帶動「知識就是力量」的潮流，各國莫不傾全力發展教育，藉由教育提升國家的經濟競爭力。然而，教育實務卻顯示，教育在複製社會階層，透過教育向上流動的機會似乎日漸減少，這也引發教育學者關切教育與經濟發展、階層化關係的議題。

人力資本論與教育

教育與經濟的關係，在六〇年代由新古典主義經濟學家提出「人力資本論」後更顯密合。人力資本論認為教育是一種投資，當一個人在教育上投資愈大，能獲得更高的學歷與專業知識，其工作效率愈高，所得報酬也愈高；當其擁有較大的經濟基礎，相對地，所掌握的社會資源，如人脈也就愈豐富，在社會向上流動的機會就愈大，社會階層會愈高。同時，信奉此論的學者認為，投資教育也能促進經濟的發展，當愈多人接受教育，知識與能力愈豐富，愈能製造更大的經濟產值。在台灣，深受中國儒家思想「萬般皆下品，惟有讀書高」的觀念影響，認為教育是促進社會流動的一種方式，同時也是社會地位的一種象徵。

文化資本論與教育

相反地，文化資本論則認為現今的教育內容都是上層階級的文化，使得出身較好的學生容易上手，同時也較容易升學與找到好工作。像是富裕家庭的子女有機會及資源較早接觸到外文、音樂或出國觀光等等，故在學習上較具優勢。因此，這樣的課程只會使得階級差異更大，造成社會階層流動緩慢。另外，為社會廣開第二次受教育機會的成人教育，在相關研究上也發現，會回流接受教育的人多為具有一定教育程度或社經地位者，但還有許多需要學習的民眾，像是缺乏一技之長者或經濟能力不佳者，並沒有參與成人教育。因此，推動成人教育還需要更多的努力，透過第二次教育的機會，協助更多需要學習的民眾加入，以避免社會階級的停滯與複製，促進社會流動機會的產生。

教育與勞動市場的關係

教育與經濟的關係還有另一層面，即為教育與勞動市場的關係。從教育社會學的觀點來說，教育是提供社會、產業所需人才的一種重要管道，要促進經濟與社會發展，必須透過教育培育多元人才。然而，從現今廣設大學、但失業率卻激增的現象，國內產業界已對於人才的供應發出了檢討之聲。加上近年全球經濟的競爭、國際與科技人才的供不應求，更引發社會對教育的討論，希望學校教育在教學及科目上能做調整，以培養社會真正需要的人才。

教育與經濟發展的關係

結構功能論：人力資本論

將教育視為一種投資，個人在教育上的投資愈大，可提高學歷與專業知識，未來所得報酬也愈高，因此在社會階層向上流動的機會就愈大。

衝突論：文化資本論

教育內容都是上層階級文化，背景好的學生容易上手，也較容易升學與找到好工作，依此課程統一教學只會造成更大的階級差異。

觀點

觀點

- 在學校所學的無法用於社會。
- 教育出的人才與社會產業所需不符合。

困境　**教育**　困境

- 使得社會階層流動停滯。
- 上一代的家庭社經狀況複製到下一代的發展上。

終極目標

- 發揮個人潛能
- 達到工作成就
- 經濟成長、國家進步

教育與文化的關係

文化含括了人類生活的各個層面,如信仰、習俗、法律、藝術、知識、價值觀、生活使用器皿等都是文化的一部分。文化不但影響著每個人,也關係著教育內容的訂定;相反地,教育的導向也影響社會各層面的文化發展,教育不僅可以傳承文化,也可能促進文化的改變。

文化與教育關係密切

文化,簡單來說就是人類的生活方式,像是有些族群的文化講求和平,有些則力主暴力。隨著社會的演進,某些生活方式就會顯得不合人民期待,而教育就是可以改變文化的一種方法。所以,教育的內容應選取文化的精髓,讓符合社會人民需求的文化得以保存延續,不合時宜的文化加以淘汰或修訂。每個時代的文化也決定了教育的目標,如重視經濟發展的文化就強調教育的經濟功能。由此可知,教育具有選擇、傳遞、更新、創造文化的功能。同時,文化也具有非正式的教育作用,學校只是狹義的教育場所,整個社會環境才是廣義的教育場所,像是大眾媒體傳遞了現今社會的流行文化與價值觀,其影響可能比學校、家庭還大。

族群對教育的影響

族群與性別是當今討論文化議題時重要的兩個主題,與教育同樣具有密切關係。在族群方面,人類社會通常都由數個族群共同組成。以台灣為例,就包含閩南人、客家人、原住民與各國人士。在社會上,由於政治發展、人口數和族群特性等等因素,通常會有一個族群的文化形成主流文化,其他較為弱勢的族群文化就會變成次級文化,而形成文化差異。由於近年來後現代主義重視並尊重少數文化的影響,因而興起了鄉土教育、母語教育等多元文化的教育形式。目的是為了讓學生能透過學習弭平舊有的偏見、刻板印象與歧視等心態,讓社會各族群能學習彼此尊重與欣賞,以達到相互成長與進步。

性別對教育的影響

在探討教育與性別的關係上,會關注在教育過程中是否強化性別的差異,或複製了社會上原有的不

 教育小百科

在後現代主義思潮下,台灣目前兩個很重要的教育趨向:
1. **多元文化教育**:意指學校提供學生各種機會,以了解各種不同族群文化的內涵,並培養欣賞其他族群文化的積極態度,避免族群衝突與對立的一種教育。像是母語教學、鄉土教學就是多元文化教育形態。
2. **兩性平等教育**:是指無性別歧視的教育環境,藉此改正社會的性別刻板印象,促使兩性發展能更平等對待與相互尊重。

平等權利關係。在東方社會,性別不平等是個淵源已久的社會現象,以往的教育界透過教科書或教學,長期複製社會原有的性別刻板印象,導致兩性在社會、文化上處於不平等的地位。因此在九年一貫課程改革中,特別加入兩性平等教育,從小培養學生尊重異性的態度,並讓兩性可以獲得均等的教育,有相同的機會在社會上取得適當的工作,發揮所長。同時,在社會教育與家庭教育方面,同樣需要建構一個尊重兩性的教育環境,使社會建立一個無性別偏見、刻板印象的兩性生活環境。

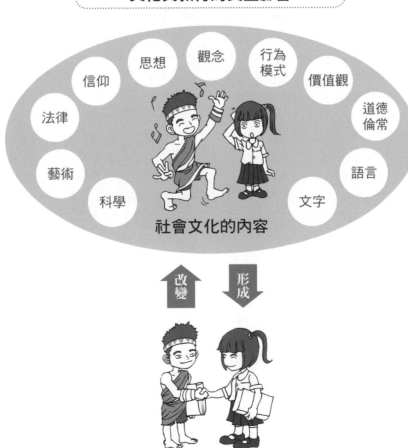

文化與教育的交互影響

信仰　思想　觀念　行為模式　價值觀

法律　　　　　　　　　　　道德倫常

藝術　　　　　　　　　　　語言

科學　　　　　　　　　文字

社會文化的內容

改變　　形成

教育

青少年次文化

街舞、追星、吸毒、網咖、線上遊戲、飆車、藥物濫用、偏差及暴力行為……等等常
出現於新聞事件中的詞語，最常連結的就是青少年。青少年次文化雖然是青少年階段
所特有的態度和行為模式，但它與社會文化、家庭背景和教育環境密切相關。

青少年次文化的意涵

青少年次文化所表達的社會文化現象囊括兩個主要概念：青少年和次文化。有關青少年發展的特定年齡，目前學者專家論點不一，大致認同是指兒童晚期至青年前期之間的發展階段，也就是國中生至大學生階段。此時期，不僅生理產生明顯的變化，人格特質也在成長變化，加上所接觸的事務愈來愈廣，必須面對、選擇和思考的問題也愈來愈多，青少年因此產生諸多糾結的情緒和變化。而次文化是一種文化形態，指的是一個大社會中一群基於某種因素（如年紀、嗜好或理念）聚集而成的小社會或小團體成員在相似背景下所形成的一套特殊價值觀與行為模式，包括思想、態度、習慣、信仰與生活方式等。

因此，青少年次文化可視為是青少年族群所特有的一種文化形態與生活方式的呈現。由於主流文化中的成人長久以來對小孩世界的壓制（如小孩有耳無嘴），青少年認為即便自己反對也不會產生實質的效力，因此，青少年次文化從來不明確表達「對抗式」的立場，他們頂多以「叛逆的」展示、表演或賣弄某種他們想要表達的價值觀和行為形態（如衣著、裝飾、語言等）。

青少年次文化與教育

傳統年代，青少年次文化隱藏於主流社會之中。但由於教育的普及和義務教育年限延長，學校成為青少年成長過程的共同經驗，加上近年來中學生發生的社會案件頻傳（如吸毒、飆車、霸凌等），致使社會日趨重視青少年時期階段。而且，現今社會商業活動與網路媒體的發達，青少年又比上一代勇於表現自我，使得青少年次文化相較於以往更為顯著，也有更多樣性的表現。但這些青少年次文化卻讓東西方成人社會明顯地感到不安、無奈、甚至氣憤，欲除之而後快。

然而，任何文化現象都是不可被壓制或消除，或假裝不存在的，青少年次文化也是一樣。既然青少年次文化不可能消除，在教育工作上便應該轉換成人的觀點，家長和社會試著以寬容的態度換個方向思考，青少年次文化只是一種過渡文化，叛逆的表現也是一種適應社會的行為反應，或許有些行為不恰當，但也充滿創意。把青少年次文

化視為教育工作上的一種助力而非阻力。成人應主動跨越不同世代間文化的代溝，以同理心、包容心去理解青少年次文化的意義和展現。有了這樣的思考，就能進一步了解青少年次文化，接受他們在成長階段盡情展現自我、保留自主空間，並與他們溝通想法。多點包容與尊重，也許，更可以協助青少年順利邁入人生的下一個階段。

青少年次文化的形態與功能

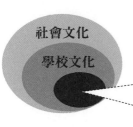

社會文化
學校文化

青少年次文化表現形態為：

- 特殊詞彙及傳遞方式等溝通表達
- 穿著、髮型、配件等外貌與形象
- 音樂、舞蹈等展現形態
- 表情、姿態、舉止等行為模式
- 特定身分的認定標準（如歸屬感）
- 獨特的價值觀、消費模式與思考模式

───── 不同學者為青少年次文化所歸納的類型 ─────

英國文化分析學者	英國學者	英國學者
迪克何伯第（Dick Hebdige）	詹森(Janssen, J)等人	雷克（Brake, M）
問題青少年 享樂青少年	商業娛樂式活動的青少年 回應社會行為的青少年	正派青年 犯罪青年 文化叛逆青年 政治激進青年

青少年次文化的功能

- ☑協助青少年發展獨立人格
- ☑協助青少年發展社會關係
- ☑提供青少年心理慰藉與支持
- ☑提供弱勢群體適應社會的替代方式

學校的組織與文化

組織是指一群人為了共同的目標，以一定的行為模式共同運作的一個整體。從社會學的觀點來看，學校也是一種正式組織。因為學校有需要達成的目標，也具有權力結構，學校中的每個人都有角色與功能，並會為了達成目標與適應外在環境而相互調整與適應。

什麼是學習型學校？

隨著社會的快速變遷，尤其是知識經濟與終身學習的趨勢，讓學校必須充分展現組織的彈性與不斷學習，才能因應社會需求。所以，學校也積極朝向「學習型學校」的組織發展。依據彼得·聖吉的說法，學習型組織是指組織中的人員能持續擴展個人知識與經驗，並培育出新的且具延展性的思考形態，使得組織能不斷學習、成長，藉以增加組織的適應力與革新能力。

學校組織與文化相互影響

在學校邁入學習型學校的過程中，引人注意的就是如何形成學習的文化。在組織中，會因為與社會和成員間的互動方式而產生獨有的價值觀念、行為模式及生活方式，形成該組織特有的文化。學校是一種組織，所以學校會產生學校文化，教師間會有教師文化，學校與教師間會有學校行政文化，學生間會有學生文化等各種不同層次與類型的文化。由於組織模式影響文化的形成，而文化內涵也影響組織的發展，所以學校組織與文化，兩者相互為依，也相輔相成。

如何營造學校的學習文化？

組織在現今社會的發展下，必須朝向彈性與扁平式組織發展；同樣地，學校也必須順應社會發展做出回應。要轉型為學習型學校，需要學校整體的組織文化配合，包括行政人員、教師與學生三個環節，雖然學校是學習的場所，但學習的氣氛還是需要營造。首先，在學校的硬體上需要建構良好的學習空間；其次，教師必須樂於身為一位終身學習者，才能引導學校朝向學習型組織發展，學生也才能熱中於學習。至於學生之間的同儕文化有時利於學習，有時會抑制學習，校方與教師需積極營造學生同儕的學習風氣，引導學生樂於學習。

學校組織形態發展

官僚組織

- 組織僵化
- 文化保守
- 權責分明
- 排斥變動
- 層層節制

傳統學校組織
屬於傳統金字塔式的層級編制,組織成員本位主義重、不易合作。

⬇

不利於學習型組織發展

期許發展方向 ⬇

扁平式組織
(網狀組織)

- 權力下放
- 專案管理
- 目標管理導向
- 層級縮小
- 溝通管道開放

學習型組織
組織成員因目標形成團體,從個人學習、團體學習至組織學習。

⬇

有利建立學習型學校

如何形塑學校組織文化?

學校行政文化
- 領導者的觀念與態度
- 行政人員觀念與行為

教師文化
學術、教學、服務、忠誠、規範

學校制度文化
校規、傳統、儀式、習俗

學校文化

學生文化
- 學習vs.玩樂
- 尊師vs.不尊師

學校硬體文化
校地規模、建築設備、校園布置

社區文化
社區性質、所在區域、組成人口

學校與社區

近年來，在社區總體營造、校園開放和終身學習社會的理念與實踐下，學校與社區逐漸從陌生隔閡到建立連結合作的夥伴關係。「學校社區化」、「社區學校化」的呼聲日漸強化，學校不僅邀請家長參與學校校務運作，也將課程與社區連結並結合促成相關活動。

學校與社區的依存關係

在美國，學校與社區的關係討論甚久，甚至可以追溯至杜威所提出的「社區學校」的概念，強調結合社區與學校的力量來改革教育，此議題延續將近幾十年。二〇〇〇年美國前總統柯林頓先生正式宣布「學校為社區中心－規畫與設計的指南」。該指南除了介紹十種創新的學校建築以及家長、市民、社區團體該如何參與設計新世代的學校外，並提出六項簡單明確的準則做為參考，藉此營建出為二十一世紀量身打造的學習環境。

近年來政府與民間一起推動「社區總體營造」的改革運動，其中所傳達的「社區主義」是我國近年來除了司法、教育改革之外的第三大改革。除此之外，教改也在這兩者關係上著墨許多，例如：教育

基本法上明文規定，家長與社區有共同參與學校教育事務的權利。課程的規畫與安排也從過往的中央控管模式轉向學校本位課程，即強調課程必須與學校在地的社區文化相結合。過去學校總是門禁森嚴，現在的學校每天和假日都有對社區居民開放的時間，讓社區居民可以進入校園，休閒散步或運動；此外，學校也規畫服務性課程，積極推動友善校園的社區服務，讓學生能參與社區各項事務，學習公民教育和服務學習。

學校社區化與社區學校化

過去的教育是學習與生活完全脫離，在重視「基本能力」的教改推動下，學生的學習經驗必須連結學校的社區背景需求及社會脈動，因此有了「學校社區化」及「社區

高中職社區化

高中職社區化，是指為了高中職的均衡發展，並整合高中職資源，讓國中畢業生能就近升學的一種策略。其目的在均衡高中職的教育品質、學生適性學習，以及就近入學。依據教育部民國九十一年修正發布的「高中職社區化推動方案」，其中所訂定「高中職社區化中程計畫」，透過補助教育資源給學校、整合區域以及提供就近入學獎學金等，加速推動此方案。由於此關係未來推展十二年國教，計畫目前仍在實施中，希望盡力達成建構高中職「就學社區」的理想，奠定未來實施十二年國教的基礎及準備。唯此計畫過於理想化，實施過程中仍有瓶頸亟待突破，如家長對明星學校的迷思等。

「學校化」的主張。非洲有一句的諺語，大意是：「培育一個小孩需要一個村莊的力量」，意謂培育學生的責任必須由學校、家長以及所在社區共同努力，才足以完成。社區與學校的關係是相互合作，而非互相對立的局面，因此，只要將對方視為可運用的資源、共同經營的夥伴及服務的對象，社區與學校才能結合成一個「教育共同體」，一同為全民的教育而努力。不過，追求理想目標之餘，社區參與學校教育的權限如何不喧賓奪主，其中界線該如何掌握，亦是雙方必須謹慎思考的重要議題。

學校與社區如何成為教育伙伴

六大準則

- 強化教學並迎合學習者的需要。
- 成為社區的中心。
- 所有教育有關人員參與規劃設計的過程。
- 提供健康與安全。
- 使所有可得的資源有效使用。
- 對於變動中的需要賦予彈性與適應。

實踐過程

學習是終身的過程、設計課程的工作永遠不斷在演進，過程當中必須考量各項教育資源的稀少性。

學校　五種常見的學校—社區教育夥伴關係的類型：　社區

1. 商業伙伴
2. 大學伙伴
3. 服務學習伙伴
4. 學校鏈服務整合
5. 宗教團體伙伴

由美國學者桑德斯提出

1. 競爭對手
2. 視為資源
3. 工作伙伴
4. 視為服務對象
5. 生命共同體

由台灣學者林振春提出

全球化與教育

一九九〇年代以來，全球化成為全球最重要的現象之一，也被廣泛用於討論政治、經濟、文化、環境、教育等種種層面的諸多議題。教育做為社會制度之一，和政治、經濟、文化具有密切關係，全球化的發展趨勢下，教育也無法閃避這股趨勢。

什麼是全球化

一九七〇年代，英美兩國率先推動新自由主義政治哲學，主張市場開放與自由競爭，加上WTO（世界貿易組織）、OECD（經濟合作發展組織）等國際組織成為市場經濟機制的推動者，導引出一連串的政治經濟改革。原本各國各自為政的經濟體制，在科技、網路及交通便捷的推動下，逐漸邁向全球化的經濟競爭模式。而當網路、交通將全球各地區零時差地串連在一起，打破了時空、國家的界線，各地方的事件和現象得以立即性的向全球快速散播相互影響。雖然目前關於全球化的定義仍在討論中，但學者們皆贊同全球化展現了以下特性：地理疆界已不再重要、時間與空間概念已轉變、全球聯繫的強化與擴大、國家的重要性降低。

全球化對教育的影響

在全球化的大趨勢下，教育也逐漸受到影響，產生「教育全球化」的趨勢與現象。WTO將教育視為「教育服務業」的一種「服務性商品」，讓會員國得經由談判方式來決定市場開放與否。至二〇〇四年止，已有四十四個國家承諾開放部分教育市場，範圍從初等、中等、高等到成人教育。其實，教育市場的開放也意味學校課程日趨標準化及市場考量。使得全球各國在政治、經濟、社會、文化、宗教等面向上，因全球化不僅相互影響，甚至產生類似或同質的發展趨勢。然而全球化的同質發展讓教育難以符合個別差異的需求，此趨勢卻讓人憂心。

全球化教育下的在地化思考與行動

教育在全球化的浪潮之下，無法避免被動地受到同質化的影響；但事實上，教育朝向保有自我文化的基礎上，培育出全球性的人才。增進對文化的理解，瓦解對不同文化的偏見，著力於在地的特長和需要而加以發展，教導學生擁有全球觀，讓他們透過自己的觀點，賦予全球化新的意義（也就是全球在地化－思考全球化行動在地化）。全球化教育的浪潮提醒我們，未來教育被賦予更高的期待和挑戰，我們應保有在地的優越教育品質，並進一步培養孩子們有更豐沛的力量迎對未來的挑戰。

全球化對教育的影響

教育全球化的形成背景

交通便捷、國際經貿往來、區域性與全球性經貿組織形成、強國文化影響、網際網路的通達。

促成 ▷

經由發達的互動，讓全世界壓縮成一個整體，使政治、文化、教育及經濟之間的關係因全球化而互相依存。

全球化的負面影響
- 教育財政改革，推動教育私有化
- 擴大貧富差距、城鄉差距、教育落差
- 全球化與本土文化的衝突

推動 ⬇

教育改革

行動全球化	**思考在地化**
● 教育改革走向國際化	● 教育財政改革，推動教育私有化
● 外語教學的地位突顯	● 對本土文化的重視
● 重視國際化師資培育	● 學校與社區結合
● 國際性組織對教育影響程度提升	● 加強國家與文化的認同
● 重視多元文化教育	● 保留教育的自主性及在地性
● 培養全球公民素養	● 擴增地方與學校的自主權
	● 擴充義務教育後的教育機會

➕

例如：
UNESCO（聯合國教科文組織）
IEA（國際教育成就評鑑會）

⬇

培育全球性人才

 知識資本

做法 學術上頻繁且良好的交流。

目標 在知識上的全球認知。

 社會資本

做法 讓文化變得多元，體驗更為豐富。

目標 培養跨文化同理能力及人際關係能力

 心理資本

做法 透過心理建設接受多元差異。

目標 蓄滿自信、享受冒險、突破自我。

Chapter

5

「教育」誰來教？
教什麼？怎麼教？

教育是一個環環相扣的整體，不只行政人員與教學者需要
互相配合，學校與家長也要彼此合作；在教學的過程中，
還必須注意課程的規畫、教材的組織與教法的設計。除了
理論知識外，也必須注重實務技巧。由於在教育過程中，
學習者的身心也逐漸發展，難免會遇到一些問題，例如：
青春期的叛逆行為、結交異性朋友的困擾、升
學或就業的憂慮等，學子有時會不知該向
誰傾訴或如何尋求協助，此時輔導
就必須站在主動而不強迫的立場
提供協助與服務。

- 「教育愛」的理念及涵義是什麼？
- 社會變遷如何影響師生關係？
- 教育行政人員和家長在教育中扮演何種角色？
- 課程有哪些內容？
- 影響教學的因素有哪些？
- 教學與學習效果的評量真的有用嗎？
- 只要有愛心就能擔任輔導老師嗎？
- 什麼是「教訓輔三合一」？

教育人之「教育愛」

「教育愛」是教師執行教育作為、承擔教育責任最重要的精神動力。有了教育愛，才能讓教師有專業精神與能力發揮教育的使命，運用「愛的教育」教育學生。從西方提出「教育愛」至今時經兩百年，「教育愛」仍是今日有心成為教育者的核心理念。

孟登——
嚴肅中帶溫和的教師形象

教育愛的理念很早便由十六世紀的孟登所提出，他在其名著《兒童教育》中說道：「如果兒童在學習時，只聽到教師如雷的吼叫聲，夾雜學生的嚎啕大哭，這種環境要兒童以膽怯的心來喜歡學習，是件多麼恐怖的事情」。所以，孟登認為教師如果能「嚴肅中帶溫和」，讓學習充滿快樂，這才是良好的學習情境。十七世紀英國的經驗主義思想家、教育家洛克，十分贊成孟登的理念，他在《教育漫談》一書中指出：除非必要，不要動用體罰，以理性方式對待兒童，兒童也會學習成為理性之人。十八世紀著名的自然主義教育家盧梭也提出「愛兒童」的教育理念。

裴斯塔洛齊——
愛是教育的最大動力

論及教育愛不能不提十八世紀末、十九世紀初瑞士的教育家裴斯塔洛齊。裴氏一生致力於平（貧）民教育，曾經設立學校，實施他的教育理念與革新性的教學。當時所辦理的學校曾被稱為「教育界的麥加」。裴氏受洛克與盧梭的影響，也認為教育應遵循自然的法則，強調教育的目的在於使兒童的潛能自然地發展出來。他反對用嚴厲、殘酷的紀律來教育學生，認為學校應該是充滿愛與溫暖、安全的教育環境，使學生能在教師的愛心與健全人格的薰陶下，獲得自信與真誠的發展。因此，裴氏認為愛是教育與品格陶冶的最大動力，有了愛，就有責任；有了責任，就會為教育而努力，教育愛是一種不求回報的付出。裴斯塔洛齊的教育愛理念，深深影響後世對教育有心的人士。

斯普朗格——
教育的精神就是愛

到了二十世紀初德國教育家斯普朗格，認為愛是教育的精神所在，應從師生關係為起點，推廣至愛人群。在斯普朗格的理念中，教育只有透過無私、不求回報的愛才得以實現，而這種愛是發自教師的內心，是一種全心全意地付出，在教育關係中搭起師生之間的橋樑，使學生的潛能充分發揮。

除了斯普朗格對教育愛的觀點影響後世外，義大利作家愛德蒙

多·秋·亞米契斯所發表《愛的教育》一書，講述教師對學生的愛，廣受莘莘學子與教育界人士喜愛，也受到我國教育界所推崇。

推行教育愛的重要學者

⊃ 法國教育家
⊃ 很早提出教育愛理念的學者
⊃ 重要教育著作：
　《兒童教育》
⊃ 重要教育理念：
　1. 認為最好的學習就是和生活結合的學習，因此主張在生活、旅遊中進行學習。
　2. 教育的真正作用在於自我實現。
　3. 教育最重要的是「慎選老師」，老師不應使用暴力或體罰。

營造嚴肅中帶溫和的教師形象，並充滿快樂的學習環境。

孟登

⊃ 瑞士教育家
⊃ 國（平）民教育之父、歐洲教育之父、教聖、孤兒之父
⊃ 重要教育著作：
　《賢伉儷》、《隱士的黃昏》
⊃ 重要教育理念：
　1. 主張教育跟種樹一樣，每個人都有天賦潛能，教育在提供適當的環境使每個人循序發展。
　2. 教師應特別關懷環境差的學生。
　3. 教育愛的精神在於付出與奉獻，父母與教師應給予孩童溫暖的照顧。

愛是教育最大的動力，教育愛是不求回報的付出。

斐斯塔洛齊

⊃ 德國教育家
⊃ 重要教育著作：
　《國民學校的固有精神》、《生來的教育者》
⊃ 重要教育理念：
　1. 教育的本質在於陶冶人性、傳遞文化。
　2. 強調師資培育的重要。
　3. 教育愛是無條件的，只有在愛的環境裡，人的潛能才能發揮出來。

愛是教師應有的特性，惟有透過愛，教育才有可能。

斯普朗格

教育活動的核心——教師與學生

談到教育，最常讓人聯想到的就是在教室中上課的教師和學生。古人說：「師者，傳道、授業、解惑也」，道出教師在教育過程中，不僅要教導學生知識，也要教導學生做人處事的原則。教師肩負百年樹人的社會重責，但隨著社會的變遷，文化價值的轉變，老師和學生在教育中的角色和地位也有所改變。

傳統文化中的教師與學生

在傳統的中國文化中，教師和「天、地、君、親」並列五尊，足見人們對教師地位的尊崇，也就是常言道：一日為師、終身為父。而在西方，由於古代知識訊息掌握在少數人的手上，對於「有智者」亦是抱持著尊敬的態度。在教育過程中，教師擔負傳遞知識、啟發潛能、陶冶人格的教育使命，以有教無類、身教重於言教的教育愛理念，培養學生成為社會上有知識、有用處的人。而學生在求學過程中，則應尊敬師長、虛心受教、努力求取知識。

社會變遷下的教師與學生

隨著社會不斷地變遷與發展，從農業社會到工商業、科技社會，促成知識傳播管道多元化，教育思潮的轉變、政治民主化的發展和個人主義的興起，上述的師生關係也有了改變。在現代社會，對於教師，社會對其仍有尊崇之意，但對於教師的期許更為深重。尤其台灣在教改聲浪提出後，希望教師不僅教導學生，更要能以創新、多元、關懷的教學方式指導學生，取代過去「愛之深、責之切」的打罵灌輸式教學；學生則從以往被動壓抑的學習者角色，轉變為教育過程中的主動者。老師和學生在教育過程中，地位逐漸趨於平等，學生對教育或教師有任何的想法和要求，都可以透過管道表達其意見。也就是說，教師和學生從傳統的教師權威至上，轉變為以專業的教師角色和學生為中心的教育環境，變化相當明顯。

理想的師生關係

教師與學生的關係，有可能如「和諧理論」所認為，教師與學生恪守本分，師生關係維持和諧穩定，透過教育過程達到社會化的目的；但也可能如「衝突理論」所言，師生關係是緊張的，教師和學生是上下對立的階層，一旦有機會，學生就會對抗教師的權威，就像學生要求髮禁解除的問題。

然而，在現實教育中，穩定和諧與衝突對立都有可能存在。有的教師和學生彼此和諧對待，一同學習、一起成長；也有教師和學生處於對立狀態，學生反對教師的教學，教師責備學生不尊敬老師。

隨著社會和教育環境的轉變，教師和學生講求權利、地位的平等，因此教師必須揚棄傳統的教師權威，以更開放包容的教育專業，贏得學生的敬愛；而學生是獨立自主的個體，也應慎用表達意見的權利。面對未來社會的發展，教師與學生必須建立更良好的溝通方式，以達到良好互動、教學相長的教育理想。

教師與學生的關係

傳統的教師與學生
（教師權威至上的教育環境）

逐步發展

現今的教師與學生
（學生中心的教育環境）

和諧理論觀點

教師與學生嚴守本分，處於和諧穩定狀態。教師保有一定權威，學生尊師重道。

要照老師的話去做！
是！

單向溝通

權威的教師　　　**聽話的學生**

衝突理論觀點

師生關係處於對立挑戰的狀態。學生想盡辦法突破教師的權威。

要照老師的話去做！
不要！

劍拔弩張的單向溝通

權威的教師　　　**叛逆的學生**

理想狀態

營造平等開放的教育環境，讓教師獲得尊敬，學生充分自主。

要不要試試老師的方法？
我覺得…

雙向溝通

具專業、包容心的教師　　　**獨立自主、勇於表達的學生**

教育活動的支援——教育行政人員與家長

學校是教育的主要場所，除了教師的教學外，學校在整體運作上，還需要校長領導，並有人負責安排課程節數、採購校園硬體設施等行政事務，因此需要教育行政人員的支援。此外，學習與生活息息相關，學校教育更需要家長的配合與支援，而家庭教育也深深影響學子的身心發展。

校內教育行政人員與教育的關係

教育活動中除了師生之間的教與學之外，還有其他相關事務需要處理，如：學校教育理念的研訂、上課節數安排、體育用品採購等等。處理這類相關教育事務的人就稱為「教育行政人員」，雖然他們沒有直接從事教學工作，但有他們的協助，學校組織才得以運作，而教育工作也才能順利進行。

在學校處理行政事務的人員，包含校長、由教師兼任的行政職務、以及一般行政人員等三類。校長負責學校整體的行政領導與運作規畫。由教師兼任的行政職務，如教務主任、總務主任、輔導主任等，除了執行校長交辦任務及推動相關教育活動外，有時也必須負擔部分教學工作。另外，就是完全不執行教學工作的一般行政人員，他們可以透過國家考試或約聘僱用的方式在學校任職，如會計、祕書、幹事、工友等。學校辦理註冊時，需要會計人員處理經費問題；舉行運動會，需要工友協助整理場地，這群不常與學生接觸的行政人員，可說是協助學校與教學正常運作的幕後人員。

家長與教育的關係

除了學校教育之外，一個小孩從呱呱墜地就開始接受父母的教育，學習生活習慣與倫理規範，因此家庭教育對小孩的影響非常大。由於父母了解孩童的成長情形，學校在規畫學習活動時，需要家長提供建議，才能根據孩童的狀況做適切的學習安排。所以，學校通常會有親師會、家長會、愛心志工等管道，讓家長有機會參與、支援學校教育活動。雖然父母有權利表達對教育下一代的理想與盼望，但也要避免過度干預學校教育，以免學校教育運作受到不利的影響。

無論是教育行政人員還是家長，都是學子在學習過程中的重要協助者，儘管有時立場、要求不一，但為了學習者的教育目標，應該相輔相成，建構一個良好的學習環境。

學校活動如何動員？

教育行政
人員代表

校長

教師代表

校務會議

決議

十月校慶舉行運動會

組織

校慶籌備人員

由行政人員和教師代表組成，共同規畫
活動形式和流程。

分工　　　　分工　　　　分工

會計人員和幹事

負責籌措校慶經費，
並向社區宣傳，邀請
民眾一同參與。

全校教師

帶領同學準備校慶當
天的表演活動、訓練
競賽、布置場地。

家長會

動員宣傳校慶活動，
並召募志工爸爸或媽
媽，協助當天活動進
行。

十月校慶順利進行

教育的內容——課程

教育內容的核心也就是課程。關於課程的定義，有人認為課程是規畫好的學習計畫、或是有系統的學科知識；另有人則認為課程是泛指學生所習得的經驗，包含校內及校外的教學活動……等。總之，課程是讓學生在學習過程中能習得有系統且能豐富其生命經驗的學問和知識。

教育中的實有課程

在學習情境中，課程主要可分為實有課程與虛無課程，實有課程是指在學校教育活動中實際安排的課程，其中包括外顯課程和潛在課程。外顯課程是學校根據教育目的而設計的教育課程和內容，又可分為正式課程與非正式課程：

◆**正式課程**：這是經由教育部明文訂定或學校正式規定的既定課程，有系統地教授知識性的學科，如：國文、英文、數學、社會等，這些科目有一定的教材、上課時數和評量程序。

◆**非正式課程**：指在正式課程以外，教育部和學校所安排以學生活動為主的學習經驗，如：運動會、參觀展覽、參加競賽等。這些活動沒有一定規範，主要提供學生體驗各種經驗的機會，像是藉由參加運動會鍛鍊體格及培養團隊精神。

除了外顯課程外，所謂的潛在課程是指學生在學習環境中經與其他人的互動而學得的經驗、知識、態度和價值觀，這些往往是非預期、非計畫性的。像是教師的身教、校園的美化都可給予學生潛在的學習作用。相反地，有時在學習過程中，教師不經意（或刻意）的政治立場灌輸、性別刻板印象或階級文化的複製，都可能對學生產生不良的潛移默化影響。

什麼是空無課程？

「空無課程」又稱為虛無課程、懸缺課程。由艾斯納所提出，是指在課程中「應有卻沒有」的課程。像是隨著社會變遷產生許多新問題與新議題，礙於課程改革速度不及而未能及時安排、彈性發揮的內容，就是空無課程的一種。

除了上述課程形式，教育部在教改過程中提出「空白課程」，即在課程設計中刻意保留「未安排」既定課程的時間安排，讓學校、教師及學生能因應學習需求做彈性安排與利用，達到學習的最佳效果。

課程如何設計？

不論以理論或實務操作來看，課程的制定都必須多方考量。大致說來，課程設計有四種層次，第一是社會層次，指政府、行政單位的決策，如課程目標、課程內容、教材範圍和評鑑標準等；第二是機構層次，如學校依據所在地區特性、

視學生學習需求決定學校本身的課程計畫、教科書及課程進度安排；第三是教學層次，也就是教師從師生互動的狀況，決定課程的內容和教學策略；最後是學習者的經驗層次，設計課程時考量學生的學習、身心狀況和生活經驗。在整個課程設計的進度上，需考量範圍、順序、銜接、延續及平衡等概念，也就是讓學習能由淺入深地循序漸進發展。一般來說，課程設計可能以學科內容、學生學習興趣和需求，以及社會發展所需和問題解決為中心來設計課程。不管採取哪一種設計模式，都需要考量社會發展、學生特質、知識發展、教師能力等因素，並經反覆修訂、評鑑，才能設計出最佳的課程。

課程設計的流程

課程設計層級

社會層次		機構層次	教學層次	經驗層次
●中央教育行政相關單位 依國家發展所需制訂課程與內容。	●學校行政人員 中央與地方授權下，依學校發展特性決定課程。	●教師 依師生互動安排教學進度與教材。	●學生 從學生學習狀態和生活經驗調整課程進度。
●地方教育行政單位 依地方特殊需求界定課程目標與內容。				

課程設計三大取向

選擇、組織課程來源

學生中心課程設計	教材中心課程設計	社會中心課程設計
以學生學習興趣、需求、能力為課程設計依據。	根據學科專家的選擇，精選有價值的知識組成課程。	從社會發展需求和問題解決為導向設計課程。

課程實施

檢討與改進

回饋

課程評鑑

教師的工作之——教學

有人說，教學是一門藝術，有人則認為是一種科學。事實上，從教學目標、課程安排、教材選取，到選擇教學方式、設計教學流程及執行，都需要有科學的理論依據與細心謹慎的規畫，以及藝術般的設計與展現。最後，還要有評鑑機制，以了解教學的每個環節是否安排妥當。

什麼是教學？

所謂教學，是指教學者與學習者雙方一起經營的學習歷程。在這學習過程中，不僅需重視學子的身心發展需求，更要達到學習知識的目標。近年來發展出教學的三種概念，缺一不可：一是在教學過程中，學習者能獲得教學者所教導的內容；二是教學為一種有意的活動，即教學是一種經過設計，並有目的性的活動；三是教學為規範的行為，指教學需符合一些倫理條件，才能與灌輸、訓練區分。

教學過程有哪些？

為了使學生更有效地學習，美國教育心理學者葛拉瑟提出「教學的一般模式」，也稱為「教學的基本歷程」。在教學前，教師會先設定教學目標，視該科目的性質設定認知性、情意性或技能性的教學目標；接著需了解學生的學習準備度，以明白學生的原有程度；之後才開始設計教學流程。接著，教師將預備教給學生的內容加以整理，選擇適當的教材與教學方式，進行實際教學；最後，需要進行評鑑活動，以了解學生是否有學習到教師所教授的內容，同時也可以讓教師自我檢視所設計的教學方式及活動是否合宜。

影響教學的因素

影響教學的因素除了教學者、學習者之外，還有學習的環境因素、學習氣氛及教學方式等。教學者在進行教學的過程中，如果可以掌握心理學的學習原理，如學習動機、激勵、增強與削弱、持續強化、學後保留等，應有助於教學活動順利進行。

在過往的教育過程中，老師在台上講課，學生在台下聽講的講述教學，是最常見的教學方式。近年來則興起許多教學法，如發問式的探究式教學、培養學生思考判斷技巧的價值澄清法、由幾位專長不同的老師組成教學團的協同教學等，目的不外乎是讓教學者依其所要教授的科目性質、學生特質來靈活運用各種教學法，讓教學成效更好。此外，教學者也必須依據教學目標、課程內容，選取適當的教材，將教材與教學做適當的連結，以使教學一氣呵成。

教育目標三層次

1. **認知性目標**：以知識為基礎，逐步學習知識的內容和應用。
2. **情意性目標**：目的在使學生有良好的價值判斷能力和人格基礎。
3. **技能性目標**：訓練學生熟能生巧、習得技能，進而具有創造性能力。

教學的基本歷程

教學目標
教學者必須清楚要教什麼。

認知性目標　情意性目標　技能性目標

檢討與修正

起點行為
教學者需了解學習者現有的程度與興趣。

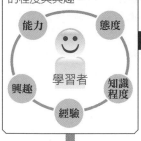

能力　態度　興趣　學習者　知識程度　經驗

教學流程
是指實際教學的運作，需重視與學習者的互動、對教學環境的掌握、教學設計的目標。

學習者　教學　教學環境　教學目標

教學評鑑
透過評鑑了解學習者的學習效果及教學設計是否適合。

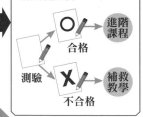

測驗　合格　進階課程　不合格　補救教學

選擇組織教材
以學習者的能力和需求選擇適宜的學習內容。

固定教科書　自行整合教材

選擇教學策略
決定或組合教學方法。

啟發式　講述法　選擇教學法　協同教學　價值澄清

班級經營
有效經營老師與學生之間的互動關係。

指導　回饋　老師　學生

衡量教學與學習效果的評量

教師根據教學目標和學生能力選擇適當的教材，設計有效的教學活動，然後評量學生的學習成效。如果評量結果沒有達到預期的目標，教師需回頭檢視每一個環節，並在下一次教學中完成改善。

什麼是教學評量？

所謂教學評量，是指衡量教學活動是否有達到教學目標的方法。以往此大多使用紙筆測驗來評估，現今因應多元化教學，產生多元化的評量方式，如蒐集學習過程中學習成果的檔案評量、以作品代替考試的實作評量等。評量的目的不是為了區分學習者的能力，而是教學者為衡量教學目標是否達成的一種方法。從評量的結果中，教學者可掌握教學成效，進而加以改善；同時了解學習者的學習狀況，協助學習不佳的同學。

評量的兩種模式

除了學業成就測驗外，教學評量還會使用智力、性向、興趣、人格等測驗，透過客觀的評量工具，讓教師了解學生的基本特質，從而提供學生適宜的指導。另外，評量結果除了得出學習者的分數外，有時會透過與一定基準比對，以了解學習者的表現情形。通常有以下兩種比較方式：

一、常模參照測驗：是指測驗後，將個人的表現與特定團體的表現做比較，以衡量個人在該團體中的表現程度。通常會應用於認知方面，如學科能力測驗。像是大學聯考的全國排名，就是一個明顯的常模參照測驗。

二、效標參照測驗：是指將測驗結果與一個既定的標準做比較。此種方式適用範圍較廣，目的在於了解學習者的能力程度，並不做區別之用，通常情意與技能方面的測驗較常使用。例如考駕照達七十分就通過，七十分就是這項測驗的一種效標，每個人只需與這個標準做比較，並不需要跟其他人相比。

評量的用意

除了學生的評量之外，近年在大學教育及社會教育也開始對教師進行評量。像是透過開放式問答題、或選擇題式的學習滿意度問卷，讓學習者能從課程安排、教師教學態度和方式等項目，表達對教學的意見。同時透過問卷調查，讓教師能從學習者的角度了解個人的教學品質，給予自身改善的空間。事實上，不論是哪一種評量，其用意均在了解教學是否有達到理想的狀況，並非對被評量者加以區別或貼標籤。

教學評量的流程

教學前	教學中		教學後
基礎能力評量 入學前先測驗學生原有的學習程度，做為後續學習規畫的參考。	**形成性評量** 教學過程中，教師以觀察、發問或蒐集學習成果，來了解學生的學習狀況。	**自我評量** 透過學習者自身來評斷學習的狀況。	**總結性評量** 在課程告一段落後，透過紙筆測驗或作品呈現，來評估學習效果。

多元教學評量的內容

學習者成長檔案

包括學生一路學習的表現、紀錄、成果，又稱檔案評量或卷宗評量，即是將學生在學習過程中的表現予以彙整，並從中發現學習者的最佳能力。

多元教學評量

教師觀察

指教學者運用觀察和記錄的方式，了解學生的平常表現，並從中理解學生的才華與能力所在。

紙筆測驗

透過正式的紙筆測驗了解學習者的學習程度，並協助其改善。

根據美國心理學家嘉德納提出的多元智慧理論，認為每個人都有自己的優勢智慧，因此藉由多元的評量方式可以找出學生的最佳表現，讓學生的潛能得以發揮。這種方式迥異於傳統的紙筆評量，教師必須彙整這三方面的資料，以協助學生在最適宜的學習環境中成長。

教育的支援——輔導

教育中的輔導工作需尊重每個人的價值與個別差異，且因應社會變遷的需求提供服務，因此，輔導是一項專業的工作。身為輔導人員必須接受專業的知識與訓練，才能提供教育過程中所需的支援。

什麼是輔導

輔導是指學校教育人員對學生的一種協助與服務，使學生能在各方面順利發展。對學校而言，輔導是一種全面性、主動性、專業性、溝通性的工作，也是行政、教學中的重要環節之一。

輔導工作的內容

由於輔導涉及人一生的發展，所以在各級教育都有設置輔導室，為學習者提供服務。因應不同的問題，輔導可依對象所面臨的問題、行為表現程度的不同分為三種層級：初級預防、次級預防與三級治療。提供的協助方式則分為直接與間接兩種，直接式輔導有提供個別或團體輔導、進行心理測驗等方式；間接式則是透過諮詢、親職講座等方式。輔導所涉及的層面包羅了人生會遇到的問題，例如課業學習、性格興趣、人際關係、愛情婚姻、生涯選擇……等。

學校提供的輔導工作服務包括提供升學就業的資訊、增進學生自我認識與成長的諮商……等。每個學校因應學生不同需求而提供不同的輔導項目，不過輔導是基於預防勝於治療的概念，強調主動提供但不強迫接受，協助個人順利發展。

輔導人員的專業性

以往學校的輔導工作主要由輔導室人員擔任，隨著專業化的要求，目前輔導專業人員主要有輔導老師、社工師及心理師三種。在美國，有校園社工師和校園心理師的編制，提供次級預防和三級治療的工作。台灣於二〇〇一年通過「心理師法」，社會上從事心理諮商工作者必須經過專業培育通過考試，取得證書後才能執行工作。近年來，因應層出不窮的校園事件，教育部正積極推動有關社工與心理師入駐學校輔導學生的相關政策與法案，並於二〇一一年在全國各校成立諮商中心進駐專業輔導人員，預計兩年內將進用數百名專業人士，希望經由建立三級輔導模式，能有效解決學生諮商、霸凌、吸毒、蹺家…等事件。學校輔導、諮商心理、臨床心理、社會工作、精神醫學都是專業工作，各有所長並無高下尊卑之分，應秉持平等、尊重、分工合作的精神，共同協助學生一起面對問題、解決問題，發揮專業將校園輔導工作做得更完善。

教育、輔導、諮商與治療的比較

項目	教育	輔導	諮商	治療
功能	具發展性	初級預防	次級預防	三級處理
對象	所有學習者	所有學習者	瀕臨困擾者	以產生困擾、有偏差行為者
內容	以知識傳遞為主　　　　　　　　　　　　　　　　認知調適、行為改變 →			
重點	教授知識、技能	提供資訊	及早介入	治療、處理、矯正
方式	以班級為單位，進行課程、活動	以班級為單位，進行課程、活動	個別諮商、小團體諮商	個別治療
時間	終身提供　　　　　　　　　　　　　　　　　　　短期、定時的提供 →			

學校輔導工作的內容

衡鑑服務
透過問卷或訪談方式，了解學生的性向、興趣和智能程度，提供老師參考。

研究服務
針對學生對學校各項措施接受度的調查，做為學校事務規畫參考。

資訊服務
提供升學或就業相關資訊，協助學生做生涯規畫。

自我評鑑
對於所辦理的各項活動與計畫進行評量，做為後續改進參考。

學校輔導工作

諮商服務
藉由一對一或小團體的討論方式，協助學生自我了解與成長。

轉介、安置服務
遇有特殊案例，協助安排聯絡適當的機構予以安置和治療。

諮詢服務
提供教師、行政人員和家長的專業諮詢，協助學生適應學校和家庭生活。

定向服務
專為新生而服務，協助學生適應校園生活。

認識「教訓輔三合一」

近年來，在學校常可聽到一個名詞「教訓輔三合一」。就字面意義來看，「教」指教學、「訓」即訓導、「輔」則是輔導，透過這三者的互助合作，建立起學校與社區、家長三方整合的輔導網絡，提供學子適當的輔導服務。

什麼是教訓輔三合一？

學校行政單位有教務、訓導及輔導等處室，教務單位負責教學事務；訓導單位負責學生的管教及生活事務；而輔導單位則協助學生健康成長與快樂學習，三個單位各司其職，獨立運作。然而，當學生出現違規行為、心理發生異常、學習面臨障礙等問題時，並不能只靠某一單位來處理。基於「發展重於預防」、「預防重於治療」的教育理念，並且為了提高學校處理校園危機及教師經營班級的效能，因而發展出學生輔導新體制—教訓輔三合一方案。配合學校行政組織彈性調整，讓所有教師共同參與輔導學生的工作，並結合社區資源，建構學校全面性的輔導服務網絡。

推動認輔老師的工作

以往當學生出現困難或問題時，學校只依賴輔導室的一、二位輔導老師來協助解決問題；但隨著社會變遷與家庭形式改變，學生面臨的社會誘惑與困難，比以往更為多元和複雜，單靠校園裡輔導老師的力量，難以有效處理學生的困難或問題。在教訓輔三合一的理念中，最重要的是積極推動校內教師學習輔導知能，並參與「認輔老師」的工作。集合老師之力提供學習落後者課業輔導，也協助尋找中輟生，帶回每一個行為偏差或走失的學生，以繼續完成學業，並幫助學生了解自己的性向，做好未來的生涯規畫。

整合輔導相關資源

在教育的過程中，平常可由學校輔導人員提供學生初級的輔導預防。當學生出現偏差行為或心理困擾，且狀況非校園輔導人員可以處理時，則需進一步轉介適當的專業輔導人員（如：社工師）以及專業的心理治療人員（如：心理師），進行次級輔導處理和三級治療。教訓輔三合一最基本的理念即為「帶好每一個學生」，且「不放棄任何一位學生」。因此，除了推動認輔老師工作外，教訓輔三合一還要整合學校所在地區的輔導資源，如：社工專業人員、法務警政人員、心理治療人員、公益及宗教團體、社區義工、學生家長及退休教師等，建立一個完善周延的輔導網絡，提供學生更為適當的輔導協助。

教訓輔三合一方案實施前後的比較

學校原有輔導網絡

訓導、校內與社會資源等，均未能適時介入提供多方協助。

社會資源

校內其他資源

訓導

進行輔導

教學　　　輔導

學生發生輔導需求或問題

當學生尋求協助時，學校僅有教學人員率先介入。

輔導機制通常是經教學人員反應後才進行。

無法提供學生完整的輔導服務

教訓輔三合一網絡

整合學校所在地區的輔導資源，讓社工及心理治療專業人員、公益及宗教團體、家長等，共同參與學生的輔導活動。

鼓勵老師積極學習輔導知能，並擔任認輔老師，在教學過程中體察學生的不適應行為，或投入輔導中輟生的工作。

社會資源
校內力量
教學
訓導　輔導

進行輔導

學生發生輔導需求或問題

提供學生周延的輔導服務

教訓輔三合一，並納入其他周邊資源進行全面而完整的輔導。

概論教育行政與制度

教育行政學是一門結合教育學和行政學的學科，運用行政學的知識理論來研究教育領域中行政和制度層面的概念和問題。像是各國教育制度的類型有什麼不同？台灣的教育行政單位分為教育部、教育局和學校，彼此的關係為何？另外，諸如：教育年限的制定、教育經費的規畫、學校制度的運作、教育評鑑的實施，以及行政上領導、衝突、溝通等主題，都是教育行政學的研究範圍。

學習重點

- 教育行政學在研究什麼？
- 教育行政學理論如何發展？
- 教育行政的制度為何？
- 學校行政有何功能？
- 教育組織內為何會產生衝突？
- 教育領導者的風格如何影響溝通與決策？
- 教育評鑑有什麼功能？
- 單軌制與雙軌制的學校體制有何不同？

什麼是教育行政學？

教育行政是指管理與教育相關的各種事務，而針對教育行政進行系統化的科學研究的學科就是教育行政學。教育行政學於二十世紀初開始發展，二十世紀中葉漸趨成熟。其理論內涵來自行政學、政治學、心理學與教育學，亦屬於行政學的一門應用科學。

教育行政的意義

「行政」是指一個組織或單位中的人員，在法令的規範下，運用管理的方式或程序處理與業務相關的事務，藉以完成既定的目標。所以「教育行政」是指負責教育相關事務的組織與單位，在符合教育法令與規則下，對教育事務進行管理，讓教育目標得以完成。例如：擬定教育政策、編列教育預算、執行教育評鑑等事項。因此，教育行政工作的優劣直接關係到教育工作是否能順利進行。換句話說，教育行政學也就是一門結合行政學和教育學，研究教育行政和制度的學科，並協助教育行政有效管理和達到教育目標。

教育行政學的內容

一般來說，教育行政學研究可分為兩個部分，這兩個部分均可獨力運作，同時也彼此相關。談到教育行政，一般人常會先想到學校內的教育行政業務，包括教務、訓導、輔導、總務、人事等業務，而這些業務牽涉到學生、教職員工、學校環境、課程與教學、經費與設備及社區等因素。因此，學校行政業務主要是協助或處理這些因素所產生的相關工作與問題。另一方面，學校內的行政事務還會進一步與中央、縣市政府的教育機關，產生密切的聯繫與業務往來，從中央到地方、再到學校這一整個系統的教育相關行政業務，其整體的運作程序包括：計畫、組織、溝通、領導、評鑑等五個階段，透過這些階段來確保全國教育業務的順利執行。

科際整合的教育行政學

由上述教育行政的內容可知，教育行政是服務教育相關業務的組織與人事，具有支援與引導的功能，如果沒有教育實務的存在，教育行政也就不存在了。因此，教育行政學就是針對教育行政所涵蓋的層面與內容，整合相關的學理基礎，如行政學、政治學、心理學、教育學、社會學等知識，對教育行政進行研究，進而提出主張與建議，讓教育行政的內容更充實，以最有效、最經濟的方式處理教育問題。

教育行政學研究與實務的關係

教育行政的內涵

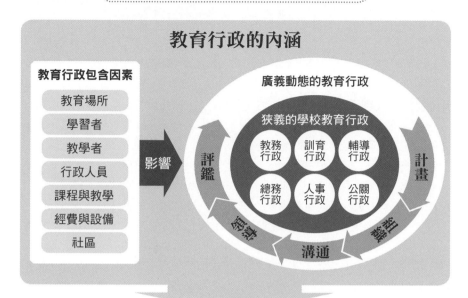

教育行政包含因素
- 教育場所
- 學習者
- 教學者
- 行政人員
- 課程與教學
- 經費與設備
- 社區

影響 →

廣義動態的教育行政

狹義的學校教育行政

教務行政　訓育行政　輔導行政
總務行政　人事行政　公關行政

評鑑　計畫　組織　溝通

教育行政學研究範圍

教育視導與評鑑

教育經費與財政

教育人員的任用與權義

學校制度與公共關係

教育行政學意義與理論

教育行政組織與制度

組織權利與衝突

組織文化與溝通

組織領導與危機處理

教育行政學理論基礎

行政學　政治學　心理學　社會學　教育學

教育行政學的理論發展

教育行政學的理論發展受到行政學理論的影響極大。行政學理論的發展大致可區分為傳統理論、行為科學、系統理論、非均衡系統理論等四個時期，分別從制度面、人性面、及組織與環境互動面來探討行政的發展，對教育領域也影響甚深。包括學校結構、教職員管理、學校與社區互動等等，都是教育行政學關注的議題。

重視科學管理的傳統理論時期

　　傳統理論以二十世紀初的科學管理為開端，教育行政學從中汲取許多原理與方法，認為透過專業分工、科層體制的組織、明確的法令規章，就能以最有效率的方式達到目標。一九一一年，美國管理學家泰勒撰寫《科學管理的原則》，講究以時間管理、功能管理、按件計酬的方式達到最大產量、最小成本目標，被尊稱為「科學管理之父」。韋伯則從權力的觀點，提出著名的科層結構理論。研究管理人員為主的法國學者費堯，將行政歷程分為計畫、組織、命令、協調、控制等五項，隨後古立克將之擴充為計畫、組織、人事管理、指導、協調、報告、預算等七個行政程序。此外，賽門則強調理性決策的過程。使得這時期的教育行政呈現科層體制的組織發展，講求明確的目標設定與組織分工。

以人為主的行為科學時期

　　相對於科學管理重視組織結構與制度的硬性管理，主張行為科學的學者則認為組織運作必須重視人的因素，才能真正提升組織效率。行為科學理論始於三〇年代著名的「霍桑實驗」，實驗發現組織人員的心理與社會因素對工作績效有極大的影響力。另外，巴納德提出合作系統理論，認為組織目標與組織中成員的需求間應有共識，組織績效才得以達成。受行為科學理論的影響，教育學者開始注意校長的領導問題、教師管教對學生的影響及教師的權益問題。此外，赫茲柏格研究影響工作滿意因素，提出激勵保健理論；麥奎格則針對行政管理的人性問題，提出XY理論，讓學校行政開始重視教師的需求與校長的領導方式。

與環境互動的系統理論時期

　　傳統理論時期與行為科學時期視組織為封閉系統，只重視組織內部的討論，但在六〇年代後，系統理論興起，將組織視為開放系統，強調行政組織不但包含制度與個人兩部分，還必須重視組織與環境的交互作用。這時期的學者包括：蓋哲爾的社會系統理論、麥格里針對XY理論提出的Z理論，以及重視組織與外在環境互動的權變理論。權變理論的代表學者費德勒認為，領導是否能發揮作用，要視領導者的領導形式是否能與情境相配合，不

同的情境需要不同的領導形式，因此沒有哪個領導形式是最好的。

重視內外變化的非均衡系統模式

到了七〇年代，一種新的理論典範在自然科學界興起，並擴展到社會科學，稱為「非均衡系統模式」，以渾沌理論為代表。混沌理論認為系統本身雜亂無規則可循，其變化難以測定。雖然有可能因為外在微小的變化，引發內部劇烈的崩解，但也會因此產生新的結構，所以系統不是封閉的，而是一個充滿能量的有機體。渾沌理論提出原先處於不穩定狀態的組織透過與外界互動，而由無序發展至有序的耗散結構理論；重視細微與隨機事件的蝴蝶效應；強調組織內在影響力的奇特吸引力、和回饋機能等論點，這些論點提供教育學者開始重視教育組織不定性的特性、組織自我發展的可能性、以及細微變化對教育過程的影響。

理論發展對教育行政的影響

階段	教育行政學理論	對教育行政的影響
傳統理論時期 1900年～	◆講究以科層體制、專業分工、時間管理、功能管理、按件計酬的方式達到最大產量、最小成本的效率目標。	◆教育行政組織與制度採取科層體制結構。 ◆擬定教育法則，重視用人制度。 ◆強調教育行政流程的有效制訂。
行為科學時期 1930年～	◆重視員工心理需求、角色衝突、人際關係和組織氣氛對組織績效的影響。	◆開始重視校長的領導以及教師需求等問題。
系統理論時期 1960年～	◆主張組織是一開放系統，重視組織與環境的交互影響。 ◆領導者需要配合情境採取不同的領導方式，才能達成最大效益。	◆開始重視學校與社區環境互動的關係。 ◆重視教育行政與整體社會環境的關係。
非均衡系統模式 1970年～	◆認為系統本身混亂無章法，充滿許多不可預知的事件。 ◆系統本身並非封閉的，而是充滿能量的有機體，其變化難以完全掌握。	◆開始重視教育過程中一些小細節與意外發生的事件，以提早解決可能發生的問題。 ◆重視教育與社會環境變遷的關係。

適應各國特性的教育行政制度

教育行政組織是為實現一國的教育政策所設置的管理與服務機構,其工作包括計畫、領導、協調、執行與評鑑等項目。行政制度與組織若缺乏效率,不只是教育政策的執行不力,更是對人民教育需求與社會整體發展的一種傷害。因此教育行政制度需要因應社會變遷,以彈性與多元化的方式來處理教育事務。

各國教育行政制度的類型

當前世界各國的教育行政制度,因應各國國情不同,大致可分為三大類。一是中央集權的教育行政制度,由中央政府直接管理全國各級教育行政組織,最典型的代表為法國。二是地方分權制,由地方政府各自管理所屬區域內的教育行政組織,中央政府則是站在協助督導的立場,以美國為代表。三是均權的教育行政制度,也就是我國所採行的方式,由國家將教育行政權依教育功能、特性與等級,讓中央與地方政府藉分工與協調方式共同推行,以利教育行政運作。

綜觀社會大環境的變遷,歷史文化的演進、政治體制的更迭、人口結構的改變、科技發展與經濟競爭、全球趨勢等因素,都會影響教育行政組織的發展。然而,不論哪一種類型的教育制度,都需要順應各國國情、人民特性、國家目標來運用,才能讓教育相關政策與業務順利執行,成為一種好的制度。

我國現行的教育行政制度

我國現行的教育行政制度,中央為教育部,是掌理教育的最高行政單位,主管全國學術、文化及教育行政業務,設有教育部長、政(常)務次長、高教司、社教司、技職司、中教司、國教司、國際文教處……等處室。直轄市與縣(市)為教育局,掌理該直轄市、縣、市教育行政事務,像是台北市教育局、花蓮縣教育局,設有局長、學務管理課、國教課、社教課、體育保健課、人事課、督學室、國民教育輔導團等單位。

中央的教育行政機關,主管全國教育實施的方針跟預算的編列,如教育政策白皮書的擬定,當政策制訂以後,即向全國公布,並交由地方教育單位執行,中央則負責整體的評鑑。地方教育機關也擁有訂定符合地方需求的教育政策和預算的權力,並管理該縣市的教育單位,如幼稚園、小學、中學和社會機構、老人教育、婦女教育等單位。因此,我國的教育行政體系呈現均權制的特性,從中央到地方權責分明又因地制宜,彼此督促又相互監督。

┌┈┈┈┈┈┈┈┈┈┈┈┈┈┈┈┈┈┈┈┐
┊ **三種教育行政制度** ┊
└┈┈┈┈┈┈┈┈┈┈┈┈┈┈┈┈┈┈┈┘

中央集權制

中央政府直接管理全國各級教育行政組織。

◆**特點**：權責統一，命令、標準一致，統籌管理教育事務，較為經濟。

◆**代表國家**：法國

中央政府

→ 統籌

教育行政

教育行政制度

地方分權制

地方政府管理各區域的教育行政組織。

◆**特點**：可因地制宜，但缺乏整體政策。

◆**代表國家**：美國

均權制

有全國一致性質者劃歸中央，因地制宜者劃歸地方。

◆**特點**：有中央統一的政策規畫，也有因地制宜的規畫與執行。

◆**代表國家**：中華民國

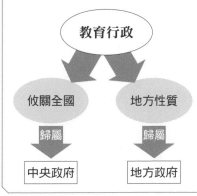

推動校務運作的學校行政

學校行政泛指對校內的一切人、事、財、物的管理工作。換言之，學校行政就是在學校制度與組織之下，教育行政人員在中央政策與教育法規的規定之下，以科學、系統的管理方式，對於學校的人員、組織、行政、財務、設備、社區等業務，做有效率且符合經濟的處理，以達到最適當的教育目標的一種工作。

學校行政的範圍

學校行政是教育行政的一環，同樣可分為學科理論與實務經營兩大部分。其理論包含教育學、行政學、社會學、哲學、心理學、管理學、法學等學科知識，因此學校行政也是一門科際整合的學科。而學校行政的實務工作，是為了讓學校整體運作流暢而發展出來的一套行政系統與組織，如在一般學校中所見，分為教務行政、學生事務行政、總務行政、輔導行政、人事行政、會計行政、社區公關行政等各層面的工作。以往學校行政的範圍較為封閉，只注重校內的人、事、物的管理，現今社會開放、多元，學校的觸角必須向外延伸與擴展，逐漸重視學校與所屬地區的關係、社區關係、學校形象管理與校外專業人士的關係。

學校行政的原則

學校行政牽涉學校內外的人、事、物各個層面，因此為了讓學校行政工作推展更為順暢，應符合專業化、科學化和民主化三大原則。首先，必須提升教育行政人員的專業知能和能力，建立專業自主的工作績效；其次，為了達到績效，整個學校行政業務應採用科學化的管理，建立檔案資料，進行有效的知識管理和創造知識。最後，要使學校行政順暢運作，需擬定適當的法規制度，做為行政執行的依據，並重視組織架構的彈性發展與變革需求，使教職員工和師生之間有良好的溝通管道，促進整體學校行政工作順利進行。

學校行政的彈性化與專業化

隨著終身學習的概念興起，接受教育的對象從幼兒、青少年延伸至成人、老人，學校行政所面對的教育對象也因而必須有所改變。且學校的環境與設備，也逐漸開放給社區民眾共同使用，學校活動也邀請民眾共同設計與參與。因此，在教育走向開放、尊重、專業的趨勢下，整個學校行政有更大的自由決策空間，例如：為聘任優良教師，學校可成立教師評選委員會；為增進教師專業性，成立學校教師會，讓每個學校能建立出風格與特色。這些行政的彈性與開放，都是為了讓學校整體運作更為民主與符合社會現況。

教育行政與學校行政的比較

項目	教育行政	學校行政
目標設定	各級教育目標的設定,重點在符合社會國家發展需求下,提升全國人民的教育水準及競爭力。	遵守各級教育行政機關所訂定的教育政策,在政策引導下完成教育目標,促使學校行政業務順利進行。
應用理論	皆是一門科際整合的學科,含括:教育學、行政學、政治學、心理學、社會學、組織學、管理學、領導理論、衝突理論、教學理論等領域。	
行政對象	各級教育學校、機關、單位的行政人員。	校內教職員工與學生。
工作內容	●全國、各縣市教育政策的制訂。 ●工作進度的監督與評鑑 ●經費的管理與籌措。	除了承接上級教育行政機關的政策外,學校本身教育方針的擬定、執行與評鑑。
工作態度	同樣需要專業知能、彈性與溝通技巧,以及關切教育整體發展的思考模式。	

學校行政有哪些類別?

訓導行政
(學生事務行政)

負責養成學生生活習慣,促進學生優良品格的發展。
● 學務主管(訓導主任)
● 課外活動組(生活教育組)
● 訓育組 ● 體育組
● 衛生組

學校人事行政

管理學校教職員工的薪資、福利等業務。

總務行政

管理學校硬體設備的採購與維修事項。
● 總務主管
● 文書組
● 營繕保管組
● 事務組

學校會計行政

負責校內經費、資金的管理和運用。

研發行政

負責校務發展的擬定,促進學校進步。

學校行政類別

教務行政

掌管學生入學、課程安排、選課等工作,使教學和學習正常運作。
● 教務主管 ● 教學組
● 課務組 ● 註冊組
● 設備組

公關行政

負責學校與社區、企業間的聯繫及溝通。

輔導行政

協助學生適應個體發展及學校生活。
● 輔導主管
● 資料組
● 特殊教育組
● 輔導組

教育組織的權力與衝突

教育行政組織從中央至地方、從領導者至專業教學者，層層發展與合作，也產生上對下的權力結構。在行使權力時，難免會因利益、資源不均而產生對立。但如果組織完全沒有衝突，表示組織過於老化、沒有發展的動力。因此衝突沒有絕對的利弊標準，重點在於如何以理性面對與處理衝突，產生最大的效益。

教育環境中權力的轉變

所謂的權力，簡單說就是影響他人行為的一種力量。在組織中，權力可以分為三種等級：一是掌權者能完全操控權力的強制性權力；二是基於法令賦予的權力，是一種權威的力量；三是一種影響力，透過專業知識、個人特質、適當手法、民主程序來達到目標，而非強制的力量。

在現今的教育領域中，上級教育行政機關並不能對下級教育單位行使強制的操控權力。中央的政策、命令必須透過民主決策、宣導等方式，讓政策順利執行。而在學校，校長的權力也隨社會發展而有所不同，以往校長對學校的業務、教師可行使一定的權力，時至今日，教師享有教師專業權，校長的行政領導權就不像過去那麼具有強制性。另外對學生、班級的管理上，也從以往教師權力至上，轉變為班級事務必須經由教師與學生共同會商訂定，教師對學生的權力也漸趨平衡。

教育衝突的形式

在教育組織中，最常見的衝突有下列兩種形式：行政官僚與教學專業的衝突及個人層面的角色衝突。

梅爾和羅旺指出，教育系統呈現行政官僚與教學專家各自獨立的雙重體系。行政官僚系統，如中央教育行政單位、校內的校長、會計和人事等，由於層級分明、專業分工，講求照章行事和績效；而由教師形成的教學體系，則不具有嚴格的層級結構，每個人都保有一定的獨特性與專業身分，強調教學上的自主性。如果行政官僚體系想強制控制教師，常會引起教師的反彈，造成兩者的對立。因此介於兩者之間的校長，必須擔負溝通協調者的角色，溝通教育政策、傳達教師的心聲，讓兩個系統間有對話的機會，以減少對立衝突的產生。

另一方面，每個人在社會、生涯發展上都會扮演不同的角色，例如一位老師可能是家長也兼任學校的訓導主任，同時自己再進修當學生，或擔任教育團體的領導者（如：教師會會長），每個角色都有各自的要求與工作，有時這些角色會帶來壓力，扮演上也呈現不一致性，因而產生角色衝突的困境。個人層面的衝突就包括：個人扮演不同角色間的衝突、不同團體間的衝突、團體內的衝突、以及角色與人格間的衝突等四種類型。

權力的類型

類型	特色	結果
強制性權力	完全的權力控制，沒有反駁餘地。	**順從** 被管者完全順服掌權者的指示。 掌權者　令其服從　受管者
權威	藉由法定賦予的權力行事，可以適當的方式反駁。	**消極性接受** 被管者被動地接受掌權者的指揮。 掌權者　被迫服從　受管者
影響／協商	權力是雙方經由民主程序所賦予，並歷經民主程序表達意見。	**積極性接受** 被管者可與掌權者溝通協調。 掌權者　互相協商　受管者

教育人員個人層面的衝突形式

形式	形容詞句	意義	例子
角色間的衝突	分身乏術	發生在同時扮演好幾種角色時的衝突。	老師同時扮演教師會會長、家長、在職學生、中年人等角色之間的衝突。
不同團體間的衝突	兩面不是人	個人夾在組織內、外兩個極端對立團體間的衝突。	校長面臨教師要錢辦活動，而上級教育行政單位不給錢的窘況。
團體內的衝突	兩面不是人	個人夾在組織內兩個極端對立團體間的衝突。	校長夾在校內資深教師與資淺教師之間。
角色內的衝突	勉為其難	指個人特質並不適合扮演該角色的衝突。	本身害羞內向、不喜歡交際應酬，卻被選為教師會會長。

教育行政的領導、溝通與決策

在教育行政組織中，領導者的領導風格會影響組織的氣氛、人際關係發展和形成決策的方式。因此，領導者需學習如何在不同的情境下，採取適當的領導模式與策略，並建立適當的溝通方式與管道，讓教育決策能在最佳環境與充分資訊下完成任務。

領導方式有哪些？

關於教育行政的領導，可分為兩大方面來看。一是教育主管行政單位對教育機構、學校的領導，如教育部長的領導風格，就會影響整個教育部的組織氣氛，也間接影響整個教育的走向。另一則是學校領導者對學校的影響，也就是校長的領導方式。領導大致可分為三種方式：一是強調領導者領導特質的特質論，例如邱吉爾、甘地就擁有異於常人的領袖特質；二是注重領導者領導行為的行為論，強調成功領導者的行為，如尊重、信任部屬等；三是主張在不同情境中應採用不同領導行為的權變理論。在實際應用上，由於教育組織會隨著社會發展而不斷改變形式，因此教育領導者需要靈活運用上述三種方式，有時運用個人特質做權變領導；有時運用適當技巧達到教育發展目標，這些都是教育領導者需要學習的重點。

教育行政中的溝通

溝通是指將訊息傳達出去的一種活動性歷程，可分為泛泛之談、報告事實、提供意見、情感性溝通、及開放真誠的分享等數種程度不一的溝通方式。一般在教育行政組織和學校組織中，溝通較為制式，像是以公文往返、會議中做意見溝通等；而學校、教師和教育行政機關（教育部或教育局）進行的溝通，除了上述的方式，有時還會運用激烈的手段，像是透過抗議來進行意見表達。如果組織層級過於龐雜，公文溝通會是常見的方式，但可能發生耗費時間的「公文旅行」、或公文遺失等突發狀況，使溝通無法順利進行。為避免溝通不良的情形，領導者必須建立適當、開放的溝通管道，使意見能得到適當的傳遞與回應，才不致於影響到教育組織的發展與決策。

組織決策如何形成？

對一個組織而言，每天都會進行大大小小的決策。在二十世紀初的傳統理論時期，賽門提出理性決策理論，認為組織決策本身是具有高度邏輯的理性活動。但在實務研究中發現，組織的決策並非都是理性的決定。尤其學校組織並非是一個嚴謹的層級系統，若加上領導不當，決策有時就會在一團混亂中倉促決定，就像在充滿意見的垃圾桶中隨機抽取決定的「垃圾桶決策」

模式。而教育行政組織，若沒有有效的決策模式運作，決策權常可能會操控在掌權人士手上，依其直覺來決定。理想上，一個教育決策的誕生，是需要花時間與精力做系統性的研究與分析，並進行適當的溝通，以廣徵意見，如此才能做出最佳的決策。

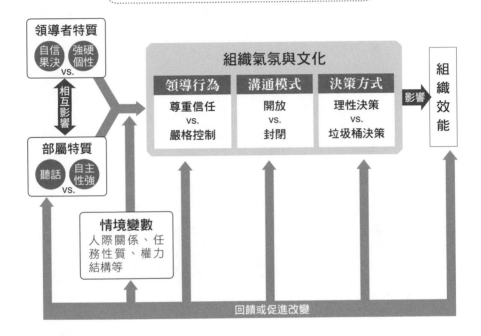

影響組織決策的相關因素

組織領導、決策和溝通的模式

組織形式	官僚模式	同僚模式	政治模式
組織特性	明顯的科層體制形態	組織位階較鬆散	組織形態不一
領導者角色	強勢者（特質論）	傾聽者（行為論）	協調者（權變理論）
決策方式	由領導者或上層少數領導者決定	由團體中積極的成員凝聚共識而產生	由各相關的利益團體經協調後尋求最可行途徑
溝通模式	正式文書的封閉式溝通	開放形式的溝通	正式文書＋開放溝通
缺點	組織易僵化	容易各持己見，造成衝突與無政府狀態	權力易被掌權者壟斷
適用教育組織	軍校	大學、教師團體	教育行政機關、私立學校

教育評鑑

教育評鑑在近幾年來十分受到重視,在教育經費僧多粥少的情況下,經費如何分配,就常依賴評鑑來決定。然而,教育評鑑的用意不在於找麻煩,而在於利用適當的方式,收集完善的資訊,提供被評鑑單位創新改善及教育主管機關做正確決策之用,這樣教育評鑑的積極性功能才能發揮出來。

教育評鑑是什麼?

教育評鑑是學校經營與管理成效的一項重要指標,像是現在高等教育單位想要爭取較多的經費,就必須獲得優良的評鑑成果。隨著時間的發展,評鑑有不同的意涵。在二〇年代,評鑑即為測驗;三〇年代,評鑑是目標與表現一致的確認;而七〇年代後,評鑑是專業判斷的一種;時至今日,評鑑可說是提供資訊以做為決策依據的一種程序或方式。綜言之,在教育管理中,評鑑可說是行政管理的一環,是一套有系統的過程,利用種種方式收集客觀而完善的資料,檢驗學校等教育執行機關是否有達到目標,以供教育決策者做合理、正確決策的參考依據。

CIPP評鑑模式

在教育評鑑的執行中,常被使用的模式是一九六五年美國執行「初等及中等教育法案」時,對於申請補助的學校所使用的評鑑方法——CIPP評鑑模式。CIPP評鑑模式包括:幫助選定評鑑目標的背景評鑑、協助修正計畫的輸入評鑑、引導方案實施的過程評鑑、以及提供考核參考的成果評鑑。此一模式點出評鑑有三個重要目的:引導評鑑相關人員做決定、提供紀錄做為績效參考、以及增進對實施過程的了解。CIPP評鑑與以往只重視結果的評鑑活動不同的是,它是同時兼顧過程與結果的評鑑流程。由於CIPP評鑑模式可以個別單項進行,也可以系列執行,因此在教育領域中最常被使用。

教育評鑑的作用

教育評鑑的設計與執行,是評鑑功能能否發揮的關鍵。美國著名的評鑑學者史克立芬曾說:「評鑑的目的不在證明什麼,而在求改進」。適當而有效的評鑑,應具有合理性、具體性、可行性、精確

教育小百科

教育經費的來源

一般而言教育經費有以下主要來源:賦稅、學費及營運收入。若從對象來分,教育經費則有國家、私人及社會團體三種來源。公立學校,尤其是中、小學,經費主要來自國家,而私立學校則多來自學費或捐款。近年國庫拮据,高等教育傾向自籌經費政策,大學經費除了國家補助外,多由學費、營運收入或捐款等多方面來籌措經費,推展校務。

性、客觀性等特性，如此才能達到管理教育品質和診斷教育問題的功能，同時做到激勵教育人員與革新教育體制的功用。

CIPP評鑑模式的內容

	C 背景評鑑	**I 輸入評鑑**	**P 過程評鑑**	**P 成果評鑑**
目的	指導目標的選擇，分辨優先順序，並診斷需求、困難和機會。	確認及評估執行的細項設計，幫助修正方案策略。	引導方案的實施，提供過程的紀錄，日後用以解釋結果。	呈現清楚的效果紀錄，以此提供繼續、中止或修正計畫的參考。
採用方法	使用系統分析、晤談、調查、文件審查、聽證會、診斷測驗等。	檢驗執行清單、文獻探討、小型實驗、組成建議小組等。	實地觀察、深度訪談等。	將結果分項定義予以測量，蒐集與方案相關人員對結果的評價，進行分析。

※CIPP評鑑模式可用於包括學校與行政機關等所有教育方案或計畫的評鑑。

教育評鑑的影響因素

評鑑對象
- 教育主管機關（教育政策）
- 各級學校（行政人員與教師）
- 社教單位

教育評鑑相互影響因素

評鑑方式
- 自我評鑑
- 檔案評鑑
- 成果評鑑
- 專業評鑑

評鑑目的
- 品質管理
- 績效評估
- 問題診斷
- 激勵創新

學校制度

教育是國家的百年大計。為了推行教育，國家除了設置教育行政單位制訂教育政策與方針、編列教育預算外，教育最重要的實施場所就是學校，因此，規劃國家的學校制度，如小學、中學念幾年、大學入學方式等事項，都會影響一國教育的實施和人民接受教育的方式。

學校教育體制的形式

學校教育制度像是國民小學、國民中學、高級中學、職業學校、大學院校等，是一般人熟知的教育形態。一國學校制度的設計，主要受到該國政治主張、經濟發展程度、歷史文化及社會價值觀的影響。一般而言，學校制度可分為單軌制和多軌制兩種：

◆**單軌制**：指國家的教育制度只有一種系統，不分貴族或貧民，只要有意願就讀，就能從小學、中學、念至大學。而中學為綜合高中的形態，高中畢業後可申請進入各式不同的高等教育機構就讀，如社區大學、二年制學院或研究型大學，高等教育機構間彼此可以交流互動。單軌制學校制度以美國為代表。

實行單軌制的教育制度，優點是教育機會公平合理，每個學生可以在學校接受完整的學習後，再決定要進入普通學校還是職業學校就讀，避免過早學習分流的缺失。但是缺點也就是學校類型少、學生選擇不多，教育機會雖然一致，但無法配合學生個別學習的需求，適時調整學習方向。

◆**多軌制**：指國家的教育系統同時有多種學校制度共存，一般包括公立與私立學校制度、貴族與平民學校、普通與職業學校制度並行。採用多軌制教育制度的國家多為英、法、德等歐洲國家，尤其以英國為代表。歐洲教育到了中學階段，普通學校和職業學校的差異很明顯，學生必須選擇要讀那一類的學校，教育分流的現象相當明顯。

因此，實行多軌制學校制度的優點，就是教育機會多元，學生選擇多，可以依自己的性向和興趣選擇學校就讀。然而，大部分實施多軌制的歐洲國家，社會階級分明的現象仍然存在，因而產生教育階級化，造成教育機會不公平的結果。而且過早的學習分流，對學生的學習不一定有利。

我國學校體制的討論

至於我國的學校制度，則採行單軌、多軌並行制。以往我國學制依美國的單軌制，以六、三、三、四制為主，即國小六年、國中及高中各為三年、大學院校則為四年。現今朝向九、三、四制，也就是將國小與國中學制合併為九年制。但我國又將普通及職業教育分立，是為多軌制的教育模式，所以我國是

採行兩者並行制，希望能發揮兩者的優點，避免缺失。不過，近年我國面臨人口結構劇烈變化、經濟競爭激烈、終身教育風潮等影響，因而有改變學校教育制度的聲浪，例如：國教向下延伸一年將幼稚園大班納入、九年國教延長為十二年國教、試辦綜合高中等倡導，均為我國為因應社會變遷而努力調整的政策方向。

三種不同的學制

單軌制　以美國為例
基礎教育　中等教育（普通與職業）　高等教育　就業市場

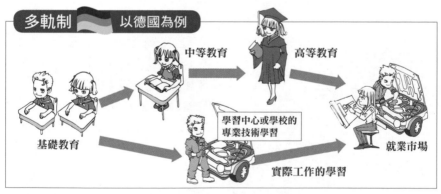

多軌制　以德國為例
基礎教育　中等教育　高等教育
學習中心或學校的專業技術學習
實際工作的學習　就業市場

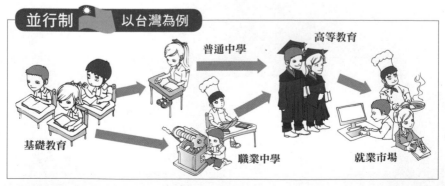

並行制　以台灣為例
基礎教育　普通中學　高等教育
職業中學　就業市場

Chapter 7

淺談各國教育制度

傳統中國教育是以儒學、書院及科舉制度為重心,然而隨
著世界局勢的變化、內外環境的影響下,在清光緒三十一
年廢除了科舉制度,傳統教育正式告終,之後逐漸以西方
為師。歷經百年,教育制度雖然產生大小不一的改變,但
整體變革方向仍以西方教育制度為本。因此,在這一篇當
中,除了認識台灣當前的教育制度外,還需要了解美國、
加拿大、英國、法國、德國等影響我國教育發展的
歐美國家教育制度。而亞洲國家中,如中國大
陸、日本、新加坡也是我國學子必須了
解的教育制度。最後再參考以國際
化和職業延續教育聞名的澳洲
教育。透過了解不同國家的
教育制度,從中汲取其經
驗和優點,藉此思考我國
教育的未來發展。

台灣的教育制度

好的教育政策不僅影響學習者的發展，也影響整個國家的發展。我國當代的學校制度是從民國十一年依循美國六、三、三、四學制而確立了基本架構，施行迄今已有八十餘年，中間雖有小幅度修改，但大致架構並未有太大的更動。

正規教育學制

我國學制從受業年限來看，包括幼稚園二年、義務教育九年、高中、職三年、高等教育四年至十年（大學加上研究所碩、博班）。其中，自義務教育後分為兩大系統，一是職業技術教育體系，包括高級職業學校（高職）、專科學校、技術學院、科技大學等，其教育目標在培養實用的專業人才；另外則為一般教育體系，包括普通高級中學、一般性大學及研究所等，其教育目的則在研究高深學術、養成專門人才。

但在傳統重視文憑的社會風氣下，我國教育一直較重視一般教育體系，職業教育體系不易得到肯定。近年來為改善職業技術教育的水準，於是將許多技職學校提升為技術學院或科技大學。

終身學習下的學制規畫

目前終身學習也是我國所重視的教育政策之一。除了正規教育機構，像是大學在職進修專班、進修推廣部所開設的課程外，非正規的教育機構及非營利性的機構也提供了許多學習機會。例如：社區大學、社會大學、各類社教機構（如文化中心、社教館、救國團）辦理的進修課程、空中專科／大學，以及各類職業進修、工作場所舉辦的研習課程。此外，還有針對不同人口需求的教育機會，例如：不識字人口、外籍新娘、婦女及高齡者等。民國九十一年六月公布施行的「終身學習法」亦明文規定，大眾傳播媒體需撥出一定時數，製播終身學習的節目，讓國人能透過傳媒或網路進行學習。

台灣學制規畫的發展趨勢

我國學制是依據社會發展及學習者的身心發展來規畫的，各級學校教育皆有其教育目標，同時讓任何有需要的學習者，不論年齡、地區、階層、程度、性別、種族，都能享有均等、開放、公平的學習機會。近年來，教育部規畫將國民教育向下延伸一年至幼稚園大班階段，並將高級中學教育納入國民教育階段，形成「K－12」國民教育制度，也就是包含幼教、小學、中學、高中等基礎教育，立意甚佳，但牽連因素相當廣泛，需要從長計議的整體規畫。另外，在終身教育的理念下，學習的連接、轉換與認證，也是未來急需未雨綢繆的教育課題。

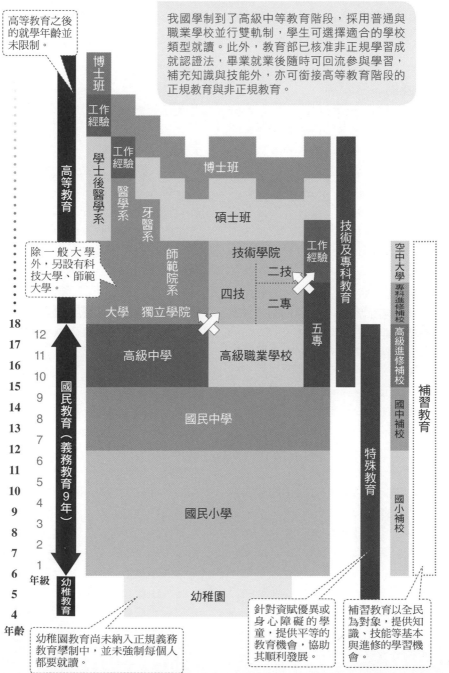

台灣學制圖

我國學制到了高級中等教育階段，採用普通與職業學校並行雙軌制，學生可選擇適合的學校類型就讀。此外，教育部已核准非正規學習成就認證法，畢業就業後隨時可回流參與學習，補充知識與技能外，亦可銜接高等教育階段的正規教育與非正規教育。

高等教育之後的就學年齡並未限制。

除一般大學外，另設有科技大學、師範大學。

博士班

工作經驗

學士後醫學系

工作經驗

醫學系

牙醫系

博士班

碩士班

技術學院

二技

四技

二專

師範院系

大學　獨立學院

五專

工作經驗

技術及專科教育

空中大學

專科進修補校

高級進修補校

國中補校

國小補校

補習教育

高級中學

高級職業學校

國民中學

特殊教育

國民小學

幼稚園

18　12
17　11
16　10
15　9
14　8
13　7
12　6
11　5
10　4
9　3
8　2
7　1
6　年級
5
4　年齡

高等教育

國民教育（義務教育9年）

幼稚教育

幼稚園教育尚未納入正規義務教育學制中，並未強制每個人都要就讀。

針對資賦優異或身心障礙的學童，提供平等的教育機會，協助其順利發展。

補習教育以全民為對象，提供知識、技能等基本與進修的學習機會。

美國的教育制度

美國教育以自由民主、尊重開放、循序均衡發展為特色。台灣早期留學人口中，以美國為眾，學成歸國的人才多擔任政府官員，也因此我國教育學制的政策方向深受美國教育影響。

美國的教育學制

美國的教育制度承襲歐洲的古典哲學思想，同時更受到移民時期、南北戰爭到二次世界大戰等一連串社會發展的影響，共同孕育出美國特有的教育制度。美國教育行政最大的特色，是採行地方分權式，美國憲法對於教育事務隻字未提，所以聯邦政府雖設有教育部，但實際上教育的權限屬於各州及其人民。

美國的學前教育分為兩個階段，第一階段是重視保育功能的保育學校；第二階段是以教育成分居多的幼兒園。初等教育的學制有四年、五年、六年和八年四種，上述修業略有不同，但均為六歲入學。初等教育畢業，直接進入初級中學接受教育，通常為期三到四年。再繼續接受高級中學教育，約三到六年的教育，完成十二年中小學義務教育。除了基本知識以外，美國教育相當重視學生個人特長、面談、參與社團的學習，這些學業成績以外的表現，常是申請優秀大學的主要條件之一。經過近三百年的發展，美國的高等教育機構目前約有四千所。為推廣高等教育的學習機會，許多社區型高等教育機構改採對外開放入學，此促使美國成為全世界高等教育最為普及的國家。

美國教育改革動向

相較於台灣填鴨式教育，美國最被國人稱羨的就是充滿創意、啟發和主動學習的教育方式，重視各方面均衡發展的教育精神，近年我國也將此展現於教育制度改革的內容之中。在一九五七年蘇聯成功發射人造衛星首度在太空競賽中領先美國時，美國對於國內教育產生了危機意識，並在一九五八年美國國會通過《國防教育法》，立起美國教育改革的里程碑，多年來積極地進行教育改革，例如：師資素質不齊、高等教育辦學、教育行政權逐漸轉向中央集權發展，民主的教育選擇權讓各種學習形態（例如：無牆學校、無年級學校、磁石學校、在家自學……等）不斷出現。美國哲學家杜威曾說：「變」是美國社會運作的基本精神。在美國教育的發展史中，幾乎每十年就會以當時社會議題為名進行大規模教育改革運動，由此可知，國家未來決定性的發展，使追求「如何讓孩子更優秀」的教育目標，在國家的大計上有更重要的地位。

美國學制圖

美國為單軌制的教育，學生可以從幼稚園一直念至高中課程，到高中階段再思考要就業、還是繼續升學。

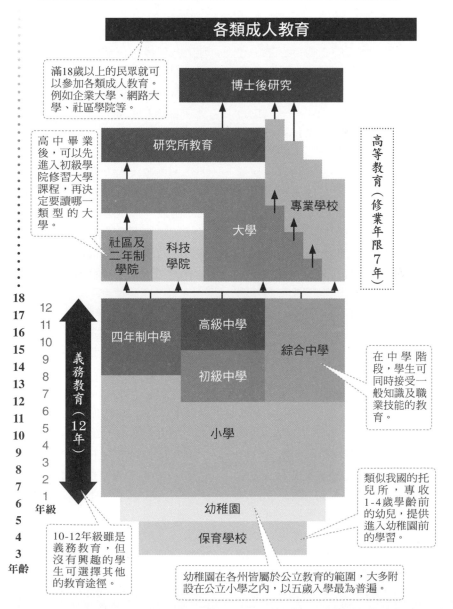

各類成人教育

滿18歲以上的民眾就可以參加各類成人教育。例如企業大學、網路大學、社區學院等。

博士後研究

研究所教育

高中畢業後，可以先進入初級學院修習大學課程，再決定要讀哪一類型的大學。

社區及二年制學院

科技學院

大學

專業學校

高等教育（修業年限7年）

四年制中學

高級中學

初級中學

綜合中學

在中學階段，學生可同時接受一般知識及職業技能的教育。

義務教育（12年）

小學

10-12年級雖是義務教育，但沒有興趣的學生可選擇其他的教育途徑。

幼稚園

保育學校

類似我國的托兒所，專收1-4歲學齡前的幼兒，提供進入幼稚園前的學習。

幼稚園在各州皆屬於公立教育的範圍，大多附設在公立小學之內，以五歲入學最為普遍。

18
17
16
15
14
13
12
11
10
9
8
7
6
5
4
3
年齡

12
11
10
9
8
7
6
5
4
3
2
1
年級

加拿大的教育制度

加拿大除了土地面積廣大，還有一大特色：族群多元，包含法裔族群、英國移民、東歐與北歐移民、亞裔移民以及原住民等。加拿大不僅在政策上採取多元民族平等主義，其教育系統與內容也都因應多元文化而設計。

尊重多元文化的教育

加拿大教育的主要信念為：包容多元文化與反對種族主義。在各級學校中，所有學生不管哪一種族群都不會被排斥與歧視，學校也有責任教導學生不同的文化特質，從語言教育即可窺知一二。雖然加拿大以英語和法語為官方語言，實施雙語教育，但對於母語教育（原住民語言）與各國語言教育（中文、義大利文、葡萄牙文等）仍視為多元文化教育的一部分。平均而言，每十萬個加拿大人要使用十五種不同的語言。因此，學校教育與教師希望盡可能了解不同背景的學生，給予應有的尊重，並教導學生相互尊重與彼此包容。

加拿大的教育學制

加拿大分為十個省，聯邦政府內並未設立教育部，只負責教育撥款及政策制訂等事項，教育行政事務主要由各省與地方負責。加拿大的義務教育從六歲實施到十六歲（第一至十年級，約等於我國中小學）。加拿大的教育不僅重視教室教學，還非常注重社會教育以及啟發式教育，如：外出參觀博物館、圖書館、體育活動、報社等。學生升上八年級（相當於中學階段）之後，會有輔導老師針對學生過往學習紀錄與興趣性向，輔導同學做修課規畫與生涯發展計畫。至於十一、十二年級的成績，則做為學生進入大學繼續就讀的主要依據。因此，加拿大的中學生想進入大學就讀是不需要考試的。只要學生在高中階段，修滿必備的學分，成績及格，學校老師即會針對學生的成績與興趣做出最佳的志願選擇，便可填寫申請單，申請大學入學。

加拿大的高等教育

加拿大的高等院校分為大學、社區學院、專科技術學校或私立職業學校。公立學校的經費全部由各省負責，私立學校除學費和私人捐款外，不足的數額也由省部支援。這一點與其他西方國家不同。加拿大高等教育的方向主要分為兩種：一為人文博雅與實用研究為主的大學教育，授予大學學位；另一則為強調職業教育與專業教育發展的社區學院、技術學院等，同時，社區學院也是加拿大民眾終身學習的管道之一。

加拿大學制圖

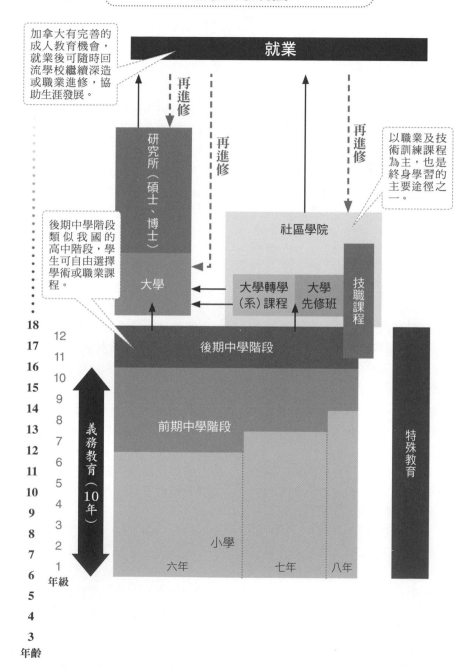

加拿大有完善的成人教育機會，就業後可隨時回流學校繼續深造或職業進修，協助生涯發展。

後期中學階段類似我國的高中階段，學生可自由選擇學術或職業課程。

以職業及技術訓練課程為主，也是終身學習的主要途徑之一。

就業

再進修

再進修

再進修

研究所（碩士、博士）

社區學院

大學

大學轉學（系）課程　大學先修班　技職課程

後期中學階段

前期中學階段

特殊教育

小學

六年　七年　八年

義務教育（10年）

年級

年齡

18
17
16
15
14
13
12
11
10
9
8
7
6
5
4
3

12
11
10
9
8
7
6
5
4
3
2
1

英國的教育制度

英國由英格蘭、威爾斯、蘇格蘭與北愛爾蘭四個地區組成，各有其獨特自主的教育制度。以下，僅以英格蘭和威爾斯地區做扼要說明。

英國的教育學制

相較於美國教育的單軌制，英國採用典型的雙軌制。目前英國的義務教育年限為十一年，學齡為五至十六歲，但是英格蘭地區的義務教育將於二〇一三年延長至十八歲。五到十一歲的初等教育階段，十一到十八歲的中等教育階段，十六歲義務教育結束時，須參加教育普通證書考試（GCSE），做為就業或升學的重要參考。十六到十八歲的教育則屬於「中六學院」（A-Level亦稱6th Form)。十八歲以上為高等教育。英國傳統的高等教育屬於公立性質，相當重視高等教育的功能。近年來面臨知識經濟的挑戰，英國不斷在思考如何藉由高等教育與知識緊密地連結，讓社會流動減少社會階級，達成社會均等並發展英國的知識經濟。

此外，因應社會潮流和經濟需求，英國非常重視義務教育過後的繼續教育。透過職業證書認證機制，將教育搭配訓練課程以達到職業專業化和教育繼續性，有效提升進入勞動市場的能力，並延伸工作後繼續就學的可行性。

英國教育行政的發展轉變

關於英國的教育脈絡，最早從地方分權經過多次改革，慢慢朝中央集權化發展。早期英國的教育主要由宗教與私人機構所經營，中央政府並無權干涉。後來隨著政府權力日漸擴大，宗教力量逐漸勢弱，地方與中央政府雙方逐漸呈現共治的搭檔關係。直到一九七九年保守黨重回政權後，開始進行以新右派市場機制為主的教育改革。政府引進市場機能來提升中央主導權並削減地方權限，使得中央集權的趨勢逐漸浮現，教育績效成為主要追求目標。一九九七年工黨執政後，開始著重公立學校的績效來取代保守黨時期的新右派市場思維，強調公立學校的學業表現，但依然延續保守黨的中央集權政策。

英國的教育發展面臨兩個主要問題：一是雙軌教育制度下中等教育公立學校與私立學校之間發展出教育階層化的明顯差距，發展菁英教育還是普通教育，至今懸而未解。其二則是從自主課程走向國家統一的核心與基礎課程、實施國家統一考試等政策，對提升學生素質是否有明顯效果，社會仍未給予正面評價。近年來英國教育有陷於追求經濟效益之趨勢，教育市場化是否能提升教育水平，也有待時間的驗證。

英國學制圖

高等教育結束後，英國仍有許多終身學習的管道，如開放大學、社區教育、線上學習和職場教育等。

這是英國義務教育結束後的主要學習管道，也是正規的成人教育。

研究所

大學

高等教育學院

多元技術學院

擴充教育學院

考試入學，菁英教育取向。

相當於大學預科，以博雅和升學課程為主。

中六學院

離校年齡	年級						關鍵學習階段	全國學力測驗

19
18
17
16　11
15　10
14　9
13　8
12　7
11　6
10　5
9　4
8　3
7　2
6　1
5　年級

義務教育（11年）

文法中學　現代中學　綜合中學　技術中學

不需考試即可入學。

以職業教育為主。

第四關鍵學習階段 10～11年級　14歲全國學力測驗

第三關鍵學習階段 7～9年級　11歲全國學力測驗

主要小學　初等小學

第二關鍵學習階段 3～6年級　7歲全國學力測驗

幼兒學校

第一關鍵學習階段 1～2年級

4
3
2
年齡

保育學校（班）

英國的學前教育，在保育學校及初等學校附設的保育班實施。

法國的教育制度

法國的教育從學前教育到中等教育，基本上均為免費的義務教育，而後不管往學術研究或專業職業發展，均有多元的高等教育可供學子選擇，就業後，也有延續的在職進修可不斷終身學習。法國人崇尚理想，展現在其教育制度規畫上，制度完整且兼顧平等與自由的立國精神。

秉持教育原則的義務教育

法國在教育制度上，雖歷經五次共和與幾次重大的教育改革，仍堅持自由教育（公立與私立學校合法存在）、免費教育（公共教育機構皆免費）、世俗教育（平等接納每位學生）、義務教育和文憑學位由國家授與等五項教育原則，做為推動教育活動的依據。

目前法國的義務教育為六歲至十六歲，也就是小學至高中一年級為免費教育。學前階段原則上收二到五歲的幼兒，亦為免費教育。法國中等教育分為兩個階段，第一階段為初級中學，修業四年。第二階段為高級中學，依性質可分為普通高中、技術高中與職業高中。原則上，各類高中的學生在完成三年學業後，均需通過國家考試，才可獲得高中畢業文憑（簡稱Bac），Bac也是進入大學的重要依據。法國學制在年級上的稱法與我國相反，法國的小學一年級稱為第十一級，第七級為小學最後一年，第六級到第三級為初級中學，第二至第一級為高中一、二年，高中最後一年為結業或終結級，表示國民基本教育結束。

菁英取向的高等教育

法國至今仍屬菁英教育，高等教育中的名校均有嚴格的入學甄試過程，競爭激烈；而一般大學只要申請即可入學，但淘汰率很高。法國高等教育可分為三個階段：第一階段為大學第一、二年，含二年制專科、大學技術學院、高中附設之高中後二年高級技師課程、獨立專業學院先修班及大學部前二年的大學普通教育文憑課程均屬之；第二階段為大學的第三、四年，包括大學學士及研究所第一年碩士、專業學院文憑屬之；第三階段則為大學第五年後（研究所後段）的高深研究文憑，及博士學位等課程。

重視成人繼續教育

成人繼續教育又稱為在職進修、終身教育或成人教育，法國在一九七三年立法，正式將成人繼續教育納入基礎教育的一環。一九八九年的教育導向法對成人教育界定為「如同正式的學校教育」，可在各階段教育機構設立，原則上以職業訓練為主。可分為兩種，一是公立機構辦理的職業訓練，主要在於化解青年人的就業危

機；二是由企業補助，為其員工支付在職進修的費用，個人可藉此不斷進修，增進工作能力及素養。

法國學制圖

法國學制基本上屬於雙軌制，在後中學階段即需選擇就業或讀大學。法國的大學非常多樣和複雜，不過法國有規模完善的終身教育體系，進入職場後，仍可再回流繼續學習。

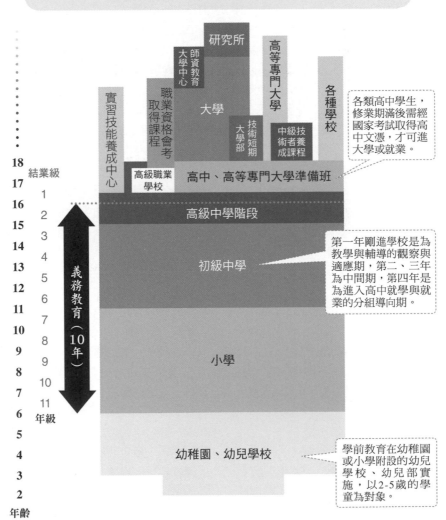

各類高中學生，修業期滿後需經國家考試取得高中文憑，才可進大學或就業。

第一年剛進學校是為教學與輔導的觀察與適應期，第二、三年為中間期，第四年是為進入高中就學與就業的分組導向期。

學前教育在幼稚園或小學附設的幼兒學校、幼兒部實施，以2-5歲的學童為對象。

141

德國的教育制度

歐洲國家在各方面受到宗教影響甚深，在教育方面亦然。十六世紀馬丁‧路德發動宗教改革並帶動教育改革，德國的普及教育開始萌芽。十八世紀，普魯士政府確立義務教育和教育法規，奠定日後德國的學制基礎。二次大戰後，德國區分為東、西德，一九九〇年，東、西德統一，大致延續西德的教育制度。目前德國的教育制度深受東西德統一及歐洲共同體發展狀況的影響。

東西德合併後的基礎教育

德國的教育制度以「基礎教育法」為依歸，受到美國義務教育理念的影響。目前德國的義務教育年限為九或十年（六歲至十五、六歲），實施到中等教育第一階段。只要年滿六歲的兒童就可進入「基礎學校」（等同我國的小學）就讀，修業四年。在此教育階段，除了傳授基礎的知識外，也讓學生充分發展與學習，以決定日後中學教育的方向。

德國中學分為「主幹中學」（最基本的國民基礎教育，學生素質最差）、「實科中學」（實務與理論兼備）、「文科中學」（通識教育和學術基礎教育）及「綜合中學」（均等教育環境）。德國孩子在修讀完基礎學校後，需依照能力、性向及興趣選擇中學就讀。修讀中學後，可選擇繼續進修職業教育為就業準備，或參加高中會考，以成績申請大學入學許可。

深具特色的職業教育

德國的職業教育相當具有特色，最值得介紹的是「二元職業學校」，二元模式的教學場所包括企業、跨企業培訓中心及職業學校。企業是德國職業學校中最重要的教學場所，每一位接受二元職業教育的青少年，至少有四分之三的教育時間是在企業中進行。除此之外，德國的職業教育還有職業學校、職業專門學校、職業高中、職業高等學校等機構。這些職業教育制度的教學法特色，均為「行動導向的學習」，包括教學設計、小組合作學習和實際問題情境等交互運用。然而目前德國就業問題亦趨嚴重，面臨供需不等、缺乏高等專業人才等問題，因此職業教育有轉向關注後段職業繼續教育的趨勢。

充分自由的高等教育

教學與研究的充分自由是德國高等教育的傳統特色，但往往產生深入鑽研學術卻與社會環境脫節的缺失。近幾年，受到經濟、社會發展影響，德國的高等教育也開始進行改革，一方面擴張高等專門學校，以培養就業高等人才，大學則專注於學術研究，讓大學教育品質有效改善。除了這些正規教育形態之外，德國的成人繼續教育同樣蓬勃發展，在職業方面的繼續教育外，也有給一般民眾的繼續教育，如民眾高等學校提供人民各類知識的學習機會。

德國學制圖

繼續教育
（提供各類普通、職業及學術性的繼續教育）

民眾高等學校

- 分為寄宿式和夜間式。
- 夜間式學校為德國主要的成人教育方式。
- 70％以上為 35 歲以上的成人。
- 這種學校在丹麥、荷蘭、芬蘭等國均為重要的成人教育形態。

德國著名的職業教育制度，由企業或工廠和公立職業學校合作，共同實施職業教育。

提供在職者晚間進修課程，取得進入大學資格。

研究所

大學

職業學院（高等專門學校）

專門學校

夜間學校

二元職業學校

專門學校職業專

職業學校級學校專門高

專門學校級學校職業高

職業基礎教育年

高級中學

德國高等教育種類繁多，有綜合大學、教育大學、神學院、藝術學院、科技大學、科技學院等，修業年限約四年。

主幹中學

實科中學

綜合中學

文科中學

義務教育（9～10年）

基礎學校

自主幹、實科和綜合中學畢業後，可往任一職業教育繼續發展。

幼稚園

德國義務教育實施至中等教育第一階段。如：修業十年獲得實科中學畢業證書，九年獲得主幹中學畢業證書。

中學前兩年屬於「定向時期」，學生開始思索未來方向，參考學校成績、家長和老師意見後，決定往普通學術或職業發展。

18
17
16
15 10
9
14 8
13 7
12 6
11 5
10 4
9 3
8 2
7 1
6 年級
5
4
3
年齡

芬蘭的教育制度

學生入學晚、上課時數少、假期多、沒有補習也沒有壓力的北歐小國芬蘭，在二〇〇〇年的國際學生能力評比中，十五歲芬蘭學生的閱讀能力名列第一，二〇〇三年的評比中，芬蘭學生不僅閱讀能力蟬連第一，自然科學、數理能力也名列第一。整體教育表現居冠的芬蘭，近年來受到世界各國的重視。

芬蘭的教育學制

在十九世紀時許多歐陸國家的教育，都是由教會掌管。但是十九世紀中，一位出生芬蘭傳教士家庭的教育家齊格鈕斯(Uno Cygnaeus)，卻主張教育不該是上流階級獨享，應是全民共享的權利。齊格鈕斯於一八六三年建立芬蘭的基礎教育制度，以「獨立學習和學習獨立」的概念，透過手工藝等手腦並用的訓練，讓芬蘭國民得到動手做的技能。此一教育理念，深深影響芬蘭至今。

一九七〇年代以前，芬蘭的國民義務教育採分流制，學生七歲入學接受四年的小學教育，十一或十二歲時根據學業表現進入不同學校就讀。但是自一九六三年芬蘭國會決議全面推動九年基本教育的新學制後，先由各市政區進行教學實驗，從中汲取經驗架構出一套新基本課程的總則與綱要，最後在一九七二年正式讓全國九年義務教育的新學制上路。

基本上，芬蘭學制與台灣類似，學童七歲入學接受完九年國民義務教育，十六歲則進入高級中學階段，可自由選擇就讀普通高中或者職業學校，經過高中職三年教育後通過會考，十九歲即進入大專院校。芬蘭大專院校分為大學與專科學校，皆屬國家設立，學校經費除了由教育部所編列外，但是多數工科大學與專科學校因有建教合作與專業性研究計畫，部分經費來自於民間企業與芬蘭科學研究院，讓民間及國家的實務與專業技術能有效與高等教育結合。

芬蘭的閱讀素養

在國際教育評比中的「閱讀素養」能力，指的是能夠尋找文章中已明確陳述的特定資訊，整合文中的意念及資訊，並對文章能做直接的推論、詮釋，進一步對文章的內容、目的、鋪陳方法提出評論。

由於先天環境就處於終年嚴寒的芬蘭，全家在家的最佳休閒活動就是「閱讀」，平均每二五〇人就有間圖書館，且80%以上的人會使用公共圖書館，平均每人每年去圖書館十三次，每年借21本書（台灣是1.5本）。再加上學校及教師會設計課程來有效利用圖書館的多元學習機會，讓孩子養成自己蒐集資料、討論，最後形成報告的方式來自動學習。這樣先天環境的惡劣，再加上後天教育環境的努力，造就芬蘭人非常重視以閱讀培養人才的觀念，透過閱讀可以在貧瘠中創造奇蹟。

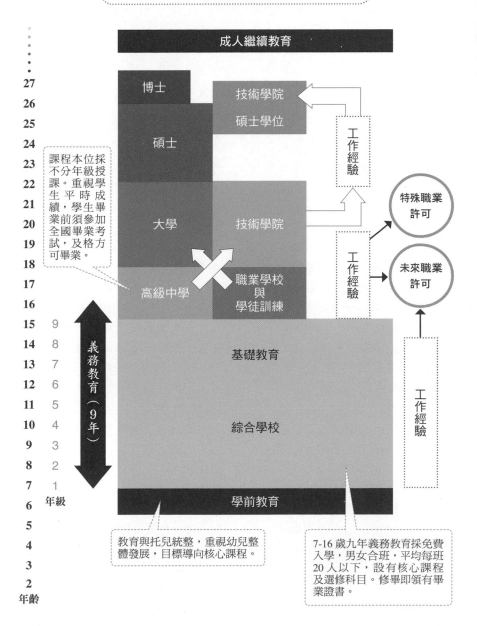

芬蘭學制圖

成人繼續教育

博士 技術學院

碩士學位

碩士

工作經驗

課程本位採不分年級授課。重視學生平時成績，學生畢業前須參加全國畢業考試，及格方可畢業。

大學 技術學院

特殊職業許可

高級中學 職業學校與學徒訓練

工作經驗

未來職業許可

義務教育（9年）

9
8
7
6
5
4
3
2
1

基礎教育

綜合學校

工作經驗

學前教育

年級

年齡

教育與托兒統整，重視幼兒整體發展，目標導向核心課程。

7-16 歲九年義務教育採免費入學，男女合班，平均每班 20 人以下，設有核心課程及選修科目。修畢即領有畢業證書。

27
26
25
24
23
22
21
20
19
18
17
16
15
14
13
12
11
10
9
8
7
6
5
4
3
2

芬蘭教育的特色

芬蘭設有中央教育部，主管全芬蘭教育、研究、文化、青少年問題、體育和高等教育機構。自一九九〇年起，芬蘭的教育行政制度走向地方分權制後，由中央教育部設有的「國家教育委員會」制定有關全國中小學核心課程之外，授予各地方教育行政單位及學校更多的權責，並保留地方行政單位絕對的自主權。而在高等教育方面的品質，有「高等教育委員」協助教育部向各大學及技術學院進行評鑑。此外為使得芬蘭高品質教育及各項專業的實務性，能有效傳遞至各高等教育機構，將由「芬蘭研究院」負責制定有關科學及研究發展的各項建教計畫。

芬蘭的高品質教育，並非一夕完成。在芬蘭的教育成功經驗裡，有以下幾項深具特色的部分：

一、**地方自治**：在芬蘭，中央政府制定的教育綱領旨在提供基本原則，各地方政府可自行決定適合地方需求的施教原則，因此各級學校和教師有很大的自治彈性，可決定各校的教學重點方向。另一方面，在全國統一的全國中小學核心課程，能掌控城鄉差距，平衡各校素質。

二、**高中教育**：自一九七五年起，芬蘭對高中課程進行改革，廢除劃分數理和社會組別，並在之後決議朝向無年級高中的目標發展。在一九九四年時，芬蘭所有高中皆採不分年級授課，可說是改革得相當徹底。

三、**教師資格**：芬蘭在師資上的培育相當優秀，所有基礎學校的教師都具備碩士學歷，在教育系統上的搭配能有效提升整體的教育品質，更能與學生共同創造好的學習環境。

四、**學生評量**：芬蘭在一九九九年新的教育基本法中，廢除所有具排名性質或競爭性的學習評量，讓學生在無壓力的環境中學習。

五、**教育資源**：芬蘭重視成績落後的孩子，且善於將教育資源分配在最弱勢的孩子身上，做最有效率的配置，這樣的教育理念也是芬蘭最與眾不同的地方。

如此徹底實踐教育機會均等、致力於高品質教育，讓教育成就和國家競爭力在全球表現上，令人驚豔。「芬蘭低成就學生是全球人數最少的」，這點也相當值得同樣身為小國的台灣教育省思。

芬蘭終年嚴寒，約有三分之一以上地處北極圈內，由於資源貧乏和環境惡劣，芬蘭對人力資源相當重視，亟於以知識取代一般經濟發展所側重的土地、勞務和資金。芬蘭人認為，若將教育資源分配給績優的孩子，成就的只是個人；但若將資源分配給弱勢的孩子，成就的是整個國家。因此，與其他國家最大不同處在於芬蘭重視成績落後的孩子，強調「不放棄任何一位孩子之潛能與資源」。

芬蘭與台灣教育比較

芬蘭教育	台灣教育

學前教育

目標導向核心課程：
- 教育與托兒統整
- 重視幼兒整體發展
- 師資須具碩士學位

幼稚園課程標準：
- 101年開辦教育與托兒統整
- 重視兒童身心健全發展
- 師資須具學士學位

義務教育

7-16歲九年免費義務教育：
- 平均每班20人以下
- 核心課程及選修科目
- 師資須具碩士學位

6-15歲九年義務教育：
- 平均每班26-34人以下
- 七大學習領域
- 教師須具有學士以上學位

高中教育

- 以公立學校為主，分一般高中和職業學校。
- 修畢九年義務教育，領有畢業證書，採聯合申請制度。
- 師生比約1:15.9，教師需具碩士學位。
- 重視教師平日評量，無全國性測驗來評量學生的能力。學生畢業前，需參加「全國畢業考試」，及格方可畢業。

- 公私立均有，類型眾多。
- 提供多元入學管道。
- 師生比約1:12（職業學校約1:19），師資均由大專院校師資培育中心培育，師資素質略遜一籌。
- 採多元評量，並無全國性評量機制。

高等教育

- 僅分大學和技術學院
- 大學入學考試及格方可入學
- 有專責評鑑機構

- 類型眾多
- 入學管道多元化
- 有專責評鑑機構

中國大陸的教育制度

中國大陸自八〇年代經濟改革以來,使大陸成為全球市場的焦點,加上全球化競爭及語言相通的因素,許多台灣子弟為了日後能在中國大陸發展,因而藉著到對岸求學以了解當地文化與社會,使得近年來前往中國大陸求學蔚為風潮。

目標鮮明的教育體制

中國大陸為了提升全民素質,自一九八六年實施九年國民義務教育到中學階段,六歲以上的兒童,不分性別、民族和地區均需接受義務教育,以培育國家新生的一代。中學的主要教育目標在培養社會主義公民,畢業後可選擇往普通教育或是職業教育再進修。在職業教育方面,包括三種:一為職業中學,招生初等中學的畢業生,修業年限為二至三年;二為技工學校,培養中級技術工人,一般修業三年;三則為中等專門學校,包括中等技術學校及中等師範學校,皆修業四年,分別培養國家經濟發展所需的中級技術人員、幼兒園及小學教師。

國家統一考試的高等教育

要進入中國大陸的高等教育就讀,必須先通過由國家舉辦的「高考」。高考由國家統一命題、考試,考後各省集中閱卷,確立錄取標準,再依學生申報志願順序分批錄取。高等教育的目的在培養國家發展所需的各類專門人才,其教育機構包括大學(大陸稱為高校)、專科學校及職業技術學院。學位分為學士、碩士及博士三種,由大學、中國科學院及中國社會科學院的研究所負責培育研究生。

中國大陸高等教育學科以理工科最多、師範類居次、第三則為醫藥類,近年來由於社會發展需求,財經和法制類科有增加的趨勢。至於所核發的證書有兩種:一是學校頒發的畢業證書(類似台灣學分班的結業證書),二是中國國家教育部核准的學位證書(世界通用的正式學歷)。

配合現代化發展的教育革新

由於中國大陸幅員遼闊、人口眾多、城鄉差距大,為了國家現代化的發展,合理布局城鄉教育體系、振興教育現代化和積極掃除青壯年文盲,已是中國大陸近幾年積極推動的教育改革目標。除了要求各級教育加強培養學生創新和實踐的能力外,也大力發展職業和成人教育,促使初、中等和高等職業教育相銜接,提高勞動者素質和培養中級人才。同時,積極發展高等教育,致力將某些重點大學(如北京大學)和科學、高科技、財經等重點學科,臻至世界一流水平。此外,因應知識社會的來臨和全球化經濟的挑戰,中國大陸努力發展完

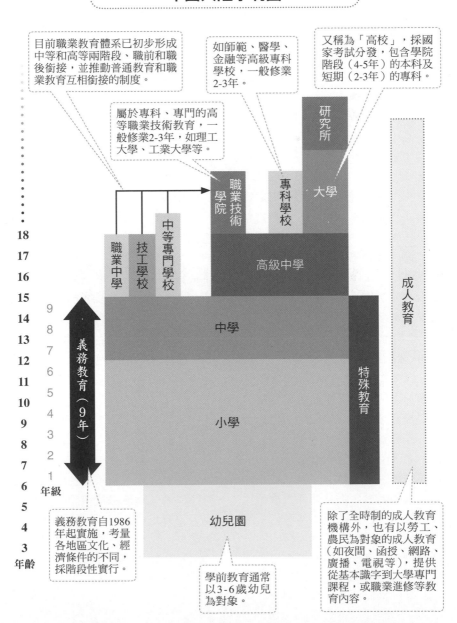

善的遠距教育、職業資格證書教育
和多元形式的繼續教育制度（如社
區教育），據以提升國民受教程
度，達到先進國家的水平。

中國大陸學制圖

目前職業教育體系已初步形成
中等和高等兩階段、職前和職
後銜接，並推動普通教育和職
業教育互相銜接的制度。

如師範、醫學、
金融等高級專科
學校，一般修業
2-3年。

又稱為「高校」，採國
家考試分發，包含學院
階段（4-5年）的本科及
短期（2-3年）的專科。

屬於專科、專門的高
等職業技術教育，一
般修業2-3年，如理工
大學、工業大學等。

研究所

職業技術學院

專科學校

大學

職業中學

技工學校

中等專門學校

高級中學

成人教育

18
17
16
15
14
13
12
11
10
9
8
7
6
年級

9
8
7
6
5
4
3
2
1
年級

義務教育（9年）

中學

小學

特殊教育

義務教育自1986
年起實施，考量
各地區文化、經
濟條件的不同，
採階段性實行。

5
4
3
年齡

幼兒園

學前教育通常
以3-6歲幼兒
為對象。

除了全時制的成人教育
機構外，也有以勞工、
農民為對象的成人教育
（如夜間、函授、網路、
廣播、電視等），提供
從基本識字到大學專門
課程，或職業進修等教
育內容。

149

日本的教育制度

日本近代的學制，從明治五年（一八七二年）開始，至今已有一百三十多年的歷史。今日的日本學校制度，奠基於第二次世界大戰後的學制改革基礎上，以教育民主化為基本原則。日本的教育現象，以學歷社會（考試升學）、多元高等教育和終身教育（生涯教育）最具特色。

日本的基本學制

日本小孩一般到了三歲，就會進入幼稚園，接受幼兒教育，做為進入小學的準備。日本的學制為小學六年，中學六年（包括初中三年、高中三年），大學四年。小學和初中是日本的義務教育，學童滿六歲即可進小學，畢業後大多進入修業三年的中學校，有部分可以進入新成立的六年制、「中等教育學校」，屬完全中學性質。中學畢業後，有三種升學途徑：一為三年制的高等學校，二為五年制高等專門學校，三為修業年限彈性很大的專修學校高等部與各種職業學校。

競爭激烈的各級入學考試

日本的入學考試，競爭相當激烈。上述的九年義務教育是指公立學校而言，公立學校不但免費就讀、還有營養午餐；如果念私立小學、中學，除了需自費入學外，還得經過一些審核與考試。日本的高中入學考試，因為關係到後續大學的入學，因此競爭相當激烈。大學入學考試則是非常嚴謹艱困的一場戰役，許多學子會為了大學入學考，先報名參加一年的準備班。大學入學考試，除了有「大學入學考試中心」的考試外，還得通過學校個別的考試，才能進入大學。

多元化的高等教育及成人教育

日本的高等教育有很多種形態，有大學、大學院（碩、博士）、短期大學、專修學校及高等專門學校。要念大學，必須先完成十二年的中小學教育，再通過入學考試。大學可分國立、公立及私立的，大學修業年限基本上為四年（醫科需六年）。念完大學若想繼續深造，得通過考試才能進入大學院（研究所），修習碩士與博士課程。另外，日本還有所謂的短期大學，供學生發展某些專業科目，學習年限為二年，完成後可取得准學士的學位。至於專修學校，則提供初中、高中的畢業生繼續進修的課程，主要為工作上所需的知識和技能。而高等專門學校，以初中畢業學生為主，修業五年，主要在教授專門學藝，養成職業技能。在日本成人教育也相當盛行，除了函授教育之外，還有公民館、圖書館、博物館等重要的終身教育機構。

日本高等學校以上可設「專攻科」（打★之處），這也是日本學制的最大特色。
其修業年限一年，目的在特別領域做精深的教學，並指導學生做研究。

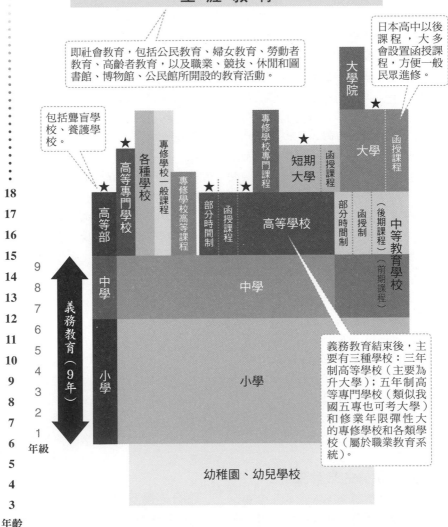

日本學制圖

生 涯 教 育

即社會教育，包括公民教育、婦女教育、勞動者教育、高齡者教育，以及職業、競技、休閒和圖書館、博物館、公民館所開設的教育活動。

日本高中以後課程，大多會設置函授課程，方便一般民眾進修。

包括聾盲學校、養護學校。

義務教育結束後，主要有三種學校：三年制高等學校（主要為升大學）；五年制高等專門學校（類似我國五專也可考大學）和修業年限彈性大的專修學校和各類學校（屬於職業教育系統）。

新加坡的教育制度

由於台灣近年來開始注重學童的英語教育，而新加坡是亞洲國家中使用英語相當廣泛的國家，加上新加坡由多元種族所組成，與台灣同為海洋小島國家，但新加坡教育體制下所發展出來的國家競爭力具有國際水準，因而成為我國教改可以參考的對象。

能力分班的小學教育

新加坡的兒童最少需接受十年的基本教育，包括小學教育六年、中學教育四年。從二〇〇三年起，六年的小學教育屬於強制教育。新加坡的小學重視每個學童的適性發展，包括一至四年級的基礎教育及五、六年級的發展定向教育。在基礎教育階段，提供學童母語（中文、馬來文）及英語、數學的基礎學習；到了發展定向教育階段，即小四修畢，學生都要參加一個分流考試，然後針對每個學生的能力加以分班。學生在英語、母語及數學的表現優異者會分到EM1班，而EM3班則重視母語與英語的再加強，大部分學生會被分到EM2班，學習以英語為主、母語為輔的課程。這樣的能力分班，希望讓所有學生均能在適當的教育環境中發展。而所有小學生在六年級畢業時，必須參加全國性的小六離校會考（PSLE），藉以安排學生至適合其學習能力的中學就讀。

以考試區分的教育體制

依據PSLE的成績，學生會被安排至特選課程、快捷課程及標準課程之中一種。特選學生修讀較高程度的母語課程，接受特選及快捷課程的學生在四年後會參加新加坡劍橋普通教育證書「普通水準」會考（GCE 'O' level）。至於接受標準課程的學生，則參加新加坡劍橋普通教育證書「初級水準」會考（GCE 'N' level）。在標準課程中有兩種選擇：標準學術課程及標準技術課程。接受標準技術課程的學生，準備朝向技術職業教育發展，並在技術或是商業學院中接受教育。

學生若想念大學，可以先進入二年制專科學校，接受兩年的大學學前教育，或是進入集中學院或是大學學前中心，接受三年的大學學前教育。在大學學前教育結束時，學生必須要參加新加坡劍橋教育證書「高級水準」考試（GCE 'A' level）。在GCE 'A' level考試中，成績優良的學生可以選擇進入新加坡國立大學或是南洋理工大學修習學位。同時，學生亦可根據GCE 'A' level考試成績，申請國外的大學就讀。

政府經費支持的教育

新加坡的教育獲得政府大量經

費的補助，約有95％來自政府的補助款。除了自主學校（類似我國私立學校）須自行設定學費外，所有的學校、中學、初級學院的學生均只需支付極少的學費。

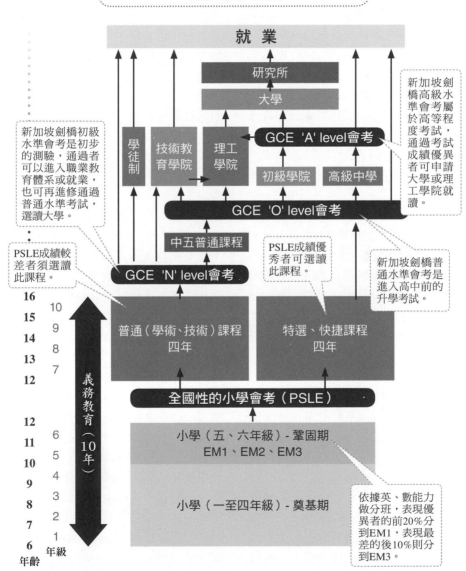

新加坡學制圖

就　業

研究所

大學

學徒制

技術教育學院

理工學院

GCE 'A' level會考

初級學院

高級中學

GCE 'O' level會考

中五普通課程

GCE 'N' level會考

普通（學術、技術）課程
四年

特選、快捷課程
四年

全國性的小學會考（PSLE）

小學（五、六年級）- 鞏固期
EM1、EM2、EM3

小學（一至四年級）- 奠基期

義務教育（10年）

新加坡劍橋高級水準會考屬於高等程度考試，通過考試成績優異者可申請大學或理工學院就讀。

新加坡劍橋初級水準會考是初步的測驗，通過者可以進入職業教育體系或就業，也可再進修通過普通水準考試，選讀大學。

PSLE成績較差者須選讀此課程。

PSLE成績優秀者可選讀此課程。

新加坡劍橋普通水準會考是進入高中前的升學考試。

依據英、數能力做分班，表現優異者的前20％分到EM1，表現最差的後10％則分到EM3。

年齡	年級
16	10
15	9
14	8
13	7
12	
12	6
11	5
10	4
9	3
8	2
7	1
6	

澳洲的教育制度

澳洲的各級教育，包括語言學校，都必須符合政府嚴格的規範，也需要通過政府嚴格的審查，才能設置和運作。加上澳洲政府長期重視國際化、創造力和尊重多元文化的教育特性，因而塑造出高品質的教育環境。

澳洲的基本學制

澳洲的教育制度大致承襲英國體制，學制採六、四、二、三制，小學六年、中學六年（含初級中學四年、高級中學二年），專科二至三年，大學則三至六年（文法商理科三年、工科四年、法科四至五年、醫科六年）。澳洲的義務教育年限為十年（一至十年級），但大多數的學生會完成十二年的教育。最後兩年的中學教育，是為了繼續升學而設置，完成學業者得以參加畢業考及校外考試，以取得申請就讀大學專科的資格。由於大學入學名額有限，學生也可進入私立專業學校或公立技術學院就讀，其課程與大學有部分相通，因此修業完畢後想要繼續升學者，可參加個別大學的招考。

極具特色的技術及延續教育

澳洲的技術及擴充教育（簡稱TAFE，又稱為專業技術學院或工業及擴充教育學院），可說是門戶最開放的高等教育機構。學校提供的課程非常多元，不僅提供一系列與工、商業發展有關的專業知能與技術訓練課程，成為高中生進階教育的重要選擇之一，也有成人方面的

博雅課程。同時TAFE亦為澳洲重要的終身學習機構，設計全國一致的學習品質規格，讓學習者能彈性出入各州、各校，其所學的學分皆被承認，學習可以立即銜接。澳洲政府希望能夠創造一個終身學習的風潮，讓國民在學習上永不缺席，進而提升每個國民的能力，讓國家競爭力相對提升。

因應二十一世紀挑戰的教改

從一九九三年起，澳洲教育體系及企業界共同設立澳洲教育的發展目標，培育需重視創新、能團隊合作、能與人溝通、能解決問題、知道如何蒐集與應用知識、會使用科技、至少能說一種外語、以及了解澳洲在世界的定位與世界關係的人才。因此，澳洲教育從傳統以教師為中心、知識導向的教學，轉變成以學生為中心、均衡各項能力發展的能力導向式教學。此外，課程設計採取螺旋式課程設計，逐步加深學生的能力，重視知識、學習與生活的結合。同時也改變教師的培育方式，提供如教學交流網、網路課程等廣泛而多元的教師進修管道。

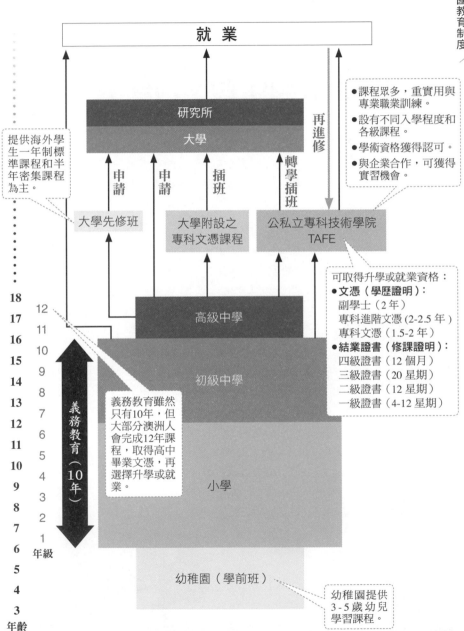

澳洲學制圖

就 業

研究所

大學

再進修

提供海外學生一年制標準課程和半年密集課程為主。

申請

申請

插班

轉學插班

大學先修班

大學附設之專科文憑課程

公私立專科技術學院 TAFE

● 課程眾多，重實用與專業職業訓練。
● 設有不同入學程度和各級課程。
● 學術資格獲得認可。
● 與企業合作，可獲得實習機會。

可取得升學或就業資格：
● 文憑（學歷證明）：
副學士（2年）
專科進階文憑(2-2.5年)
專科文憑（1.5-2年）
● 結業證書（修課證明）：
四級證書（12個月）
三級證書（20星期）
二級證書（12星期）
一級證書（4-12星期）

高級中學

初級中學

義務教育（10年）

義務教育雖然只有10年，但大部分澳洲人會完成12年課程，取得高中畢業文憑，再選擇升學或就業。

小學

幼稚園（學前班）

幼稚園提供3-5歲幼兒學習課程。

18
17
16
15
14
13
12
11
10
9
8
7
6
5
4
3
年齡

12
11
10
9
8
7
6
5
4
3
2
1
年級

155

Chapter

8

多元的教育形式

小明說他正在網路上學英文，陳爺爺白天會去活動中心學電腦，王媽媽假日去社區大學上烹飪課，珊珊的媽媽申請在家教育通過了……奇怪了，他們為什麼可以在這麼多地方參與教育活動呢？事實上，現今的教育不只可以在學校發生，也不限於只有在國小、國中、大學內教授的課程才算是教育。在終身學習的理念下，教育出現多種形態，也須更貼近生活所需。現代人可以透過各種多元的教育管道進行學習，讓自己不會被時代的競爭所淘汰。

學習重點

- 我們可以透過哪些方式接受教育呢？
- 福祿貝爾與蒙特梭利的幼兒教育特色為何？
- 在家教育有什麼優點？
- 成人教育的內容有哪些？
- 高齡者教育的目的是什麼？
- 遠距教育有什麼好處？
- 為什麼需要社區教育？
- 終身學習為什麼重要？

人們可以透過哪些方式接受教育？

在一般人的觀念中，教育就是要去學校上課。但在現今多元、開放、進步的社會中，能接受教育的管道及形態也變得相當多元。從終身學習的角度來區分人們接受教育的形態，大致分為正規教育、非正規教育、非正式學習三種，每種形態的教育各自包含多種學習途徑。

正規教育

正規教育是一種有系統、有組織的教育活動。在正規教育中，透過審慎規畫、具系統結構的方式傳遞知識、技能和態度，並在明確的教課時間、空間、教材中進行，整個教育具有連貫性與計畫性。簡單來說，學校教育就是明顯的正規教育形態，從國民小學、國民中學、高級（職）中學、大學校院等一連串的教育機構均屬之。

非正規教育

與上述正規教育比較，非正規教育是指在正式學校機構以外，有組織、有結構地進行知識傳遞的教育活動。這類教育活動針對目標對象而設計，提供他們所需要的學習，如：在職訓練、識字教育、社區教育（如參加社區大學）、隔空教育（如空大）、遠距教育等。非正規教育的目的是在提供社會大眾各種學習的機會。在有些國家，像是日本，會以非正規教育的內涵來泛指所有的成人教育。

非正式學習

非正式學習不同於上述有結構、有系統的正規教育及非正規教育，而是指人們從日常生活的經驗或環境的資源，包括家庭、鄰居、工作、遊戲、市場、圖書館、大眾媒體等途徑獲得知識、技能、做人處事的態度與價值。舉例而言，有人想要學習居家布置，自己做木工，買書回來看以及詢問有經驗的人，都能獲得做木工的方法。因此，非正式學習是一種沒有組織的學習活動，非正式學習可說是一種終身學習的歷程。

由上述三種教育形態的區分可知，教育在現今社會中可以從多元途徑獲致。當在學校等正規教育環境的學習仍有不足時，可以透過非正式及非正規的學習方式，學習個人想要學習的知識。為了讓社會大眾參與學習機會的經驗能夠獲得認可，教育部也在近年開始籌備「非正規學習認證」的相關計畫，在未來，人們參與非正規的學習經驗也可以獲得正規教育的認可，讓學習得以累積和延續。

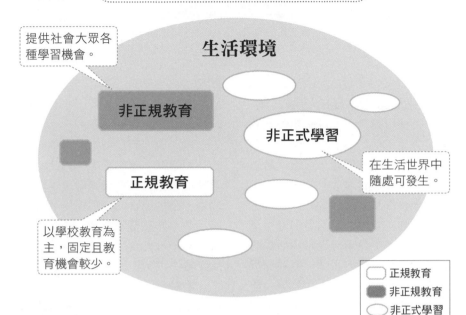

教育型態示意圖

生活環境

提供社會大眾各種學習機會。

非正規教育

非正式學習

正規教育

在生活世界中隨處可發生。

以學校教育為主，固定且教育機會較少。

	正規教育
	非正規教育
	非正式學習

三種不同的教育型態

項目	正規教育	非正規教育	非正式學習
說明	在一套有計畫、有結構的系統下，學習知識、技巧與態度的一種教育方式。	在正規學校以外，透過有組織、有結構的教育方式，進行的學習活動。目的在提供社會大眾自由選擇教育的機會。	指人在日常生活的經驗、體驗、或與環境互動過程中，獲得學習經驗的一種學習方式。
組織性	嚴謹	有	沒有
計畫性	審慎	有	沒有
特定教育對象	有，依年齡區分	有，有意願的特定者	無，任何人都可以
教育途徑	國中、小學、高中職、大學校院	在職訓練、識字教育、社區教育、隔空教育、遠距教育	家庭、鄰居、工作、遊戲、旅遊、圖書館、報章雜誌、大眾媒體

向下紮根的幼兒教育

幼兒不是大人的縮影，發展心理學家認為，孩童早期的學習是後期學習的基礎，這也點出了幼兒教育的重要性。素有幼兒教育之父稱譽的福祿貝爾是開啟了幼兒教育的先聲，至於蒙特梭利提供幼兒教育的方法，他們兩位對幼兒教育的關注深深影響了現今的幼兒教育。

重視兒童遊戲本能的福祿貝爾

　　福祿貝爾是十九世紀德國著名的教育家，他的教育思想深受斐斯塔洛齊及盧梭的影響。福祿貝爾為傳播其幼兒教育理念，於一八二六年發表著作《人的教育》，該書主要理念為：教育的目的是引導兒童發展自由與本性；透過自我活動的表現來發展兒童的天賦；並讓兒童參與社會互動活動，使其發揮合群的特性。福祿貝爾在一八三七年創設世界第一所幼稚園，以實現他的幼兒教育理念。他特別重視學習與實際生活間的關係，藉由遊戲引導兒童自我活動、自我發展與社會參與，並希望兒童能均衡發展各方面的潛能。他創設的幼稚園，專收三歲以上七歲以下的兒童，利用兒童遊戲的本性，運用遊戲讓學童適應社會生活與進行主動學習；至於知識的傳授，雖偶而有之，但並非是他成立幼稚園的真正目的。

開發兒童潛能的蒙特梭利

　　繼福祿貝爾之後，義大利的女教育家蒙特梭利，於一九○七年設立「兒童之家」，以她的理念來教育兒童。她認為兒童不是成人的縮影，不可以用成人的眼光去思考小孩。她認為每個孩童在三至六歲的階段，會展現對特定能力或技能的強烈學習慾望和潛力，因此幼教老師必須把握此階段的幼兒學習敏感期，準備適當的學習環境，善加運用教具讓孩童親自動手嘗試和學習，以啟發兒童學習的欲望，達到最佳的學習效果。

　　蒙特梭利尊重每個孩童，她採取三至六歲混齡班的上課方式，讓孩童自由探索和互助學習，同時重視日常生活（如禮儀、照顧自己等）和感官（觸覺、聽覺等）的教育，她認為只要相信孩童，孩童也會有信心相信自己做得到，不需要透過責罰，孩子也能順利學習和成長。

　　在今日的幼稚園教育中，從遊戲中成長及鼓勵兒童動手做（美勞教育）的觀念，已被社會大眾和教育界所共同認可與採行，可見福祿貝爾與蒙特梭利的教育理念對幼兒教育的影響甚深。

福祿貝爾的教育理念

兒童是成人發展的開端，善用教育性的遊戲來促使兒童發展。

日常生活學習
兒童的感官相當靈敏，對周遭一切都好奇，讓他們以感官探索生活周遭，學習生活與創造經驗。

教師是啟發者
老師要營造一個能刺激孩童不斷學習的教育、遊戲和環境，讓孩童主動學習。

教育理念的實踐

福祿貝爾
- 德國教育家
- 幼稚園之父、幼兒之友
- 重要著作：《人的教育》

在遊戲中成長
遊戲是兒童的生命和工作，在遊戲中塑造人格與學習語言、文化，並培養群體生活的紀律。

重視具體實物的教學
動手做是腦力與雙手的結合，兒童可以盡情在動手做中激發創意。

強調社會參與
讓兒童參與社會活動，藉以培養群性和協助其發展。

蒙特梭利的教育理念

尊重兒童，營造安全的環境和豐富的教具，引導孩童自動學習。

混齡教學
採取3-6歲混齡教學，讓兒童互相學習，減少以自我為中心的心理發展。

教師是引導者
教師用心準備教學環境，加入能引發兒童興趣的教材，並時常觀察兒童的反應。

教育理念的實踐

蒙特梭利
- 現代義大利著名幼兒教育家
- 創辦第一所兒童之家
- 重要著作：《蒙特梭利教學法》

以兒童為中心
尊重兒童，從兒童的角度設計適當的環境與教育內容。

提供豐富的教具
設計適合孩子學習的多變化教具，讓孩子能邊玩邊學習。

把握學習敏感期
教師和家長要把握兒童3-6歲這段學習敏感期，培養兒童關鍵能力的學習。

另類的正規教育—在家自學

近年來，台灣興起一股在家自學的趨勢，有些是因為宗教、有些是因為不滿現行的學校教育、有些則是為了孩子發展著想。不管哪一種理由，都是希望能透過不同的教育實施，給下一代更完善的教育。

在家自學的發展趨勢

人類最早的教育其實是在家自學，十九世紀公立學校形成後，傳統的在家自學反而被視為非法。一九六〇年代，由於太空科技落後蘇聯，激起美國興起一股強烈的教育改革聲浪。在這股改革聲中，也出現在家自學的改革聲音，推動在家自學做為公立教育的另一種選擇。一九七二年美國首例在家自學方案合法成立，在家自學逐漸爭取到合法性的教育地位。美國目前每五十名學童，就有一人選擇在家自學，英國在家自學的學生也達八萬人以上，可見在家自學已成為教育的一股新形態。

歐美在家自學的歷史比台灣早了二、三十年，台灣最早於一九九八年首度由台北市試辦。從教育部修訂「國民教育法」，並在二〇〇二年通過「非學校形態實驗教育實施辦法」（或稱「在家自學施行法」），為台灣在家自學開啟合法性的大門。據統計，台灣平均每年增加一百位在家自學者，目前全台已有超過千位的學生選擇在家自行教育。不過，由於實際執行層面牽涉廣泛，加上當前台灣在家自學的相關法令尚未完備，執行在家自學者仍與教育官僚制度拔河，默默在台灣掀起另一種教育形態的革命。

在家自學的實施

在美國，每一州都有自己制定的實施辦法，家長可依法向地方學區行政人員提出在家就學的計畫。在台灣，家長也須依法向教育局的非學校形態實驗教育審議委員提出計畫書申請，通過審核後，即可執行在家教育計畫。雖然各國實施方式不一，但都要求課程規畫必須達到一定的教育天數，課程內容要類同學校課程，擔任在家自學的教師須有一定的教育水準之上。為了掌握在家自學的執行，家長得隨時與教育當局保持密切聯繫，學生亦須定期接受學力測驗，評量學習的進度。實際執行的情況，由教育局的審議委員做每一階段的評估與把關。

在家自學提供民主社會另一種教育選擇權，讓家長能有機會實現自己的教育理念。但家長的生活環境和教育能力，以及在家自學的孩子無法體驗學校群體生活的教育，仍備受質疑。實施在家自學教育，如何讓學習者後續能承接現有的教育體制，未來融入社會的生活，也是值得在家自學的教育者進一步思考。

在家教育的優缺點

方法一

在家自學，但依據學校課程按表操課。

亦可混和三種方式，選擇適合自己的教育模式。

方法二

以教學計畫模式，在家進行主題式的專題探討。

在家自學模式

方法三

針對孩子有興趣的主題做長時間培訓。

優點
- 重視對子女品格與道德的發展。
- 由父母完全掌握孩子的教育發展。
- 提供親子間更親密的對話與發展。
- 教學方式和內容更多元豐富。

理念 →

在家教育

← 質疑

缺點
- 子女在群體間的適應問題。
- 社會性的發展。
- 教材與學校教育銜接問題。
- 父母擔任教育者的能力問題。
- 家長個人生活的考量。

不同教育形態的比較

項目	家庭教育	在家教育	學校教育
定義	指人從出生開始，受到家庭成員、環境、氣氛直接或間接的影響與學習歷程。	父母自行為孩子規畫教育課程，師資包括父母或所聘請的教師，場所包括家中、學校、社教機構等。	透過特定的場所、特定人員及明確教育目標和經過選擇編排的材料與方法，所進行的結構性教育活動。
教育目標	生活性	知識性和生活性	知識性
發展原因	自古即有	社會不安、宗教因素、對現有教育失望、有心人士的倡導	從私人興學至國家建立教育制度
課程性質	鬆散	架構自訂	規畫嚴謹
教育性質	人一生發展的基礎、教育的根本。	另類的教育形態。	國家、社會發展的一環

第二條進修國道——成人教育

在以前的社會，人與人之間即會透過各種方式進行經驗分享與學習，可知成人教育由來已久。二十世紀後，成人教育開始以一種有目的、有系統的方式進行教育活動。尤其是二次世界大戰後，各國渴望和平與經濟發展，成人教育就被視為喚醒人民意識、提升人民能力、促進經濟成長的一種有效方式。

什麼是成人教育？

成人一詞泛指已經成年，不再扮演全時學生的角色，並開始擔負社會角色（如父母、配偶、職場工作者）的人。為成人提供有系統、持續性的學習活動，就是成人教育。提供成人教育的形態，包括正規教育、非正規教育及非正式學習方式，有時可以是學校教育的延伸，有時可以當做工作職場的進修或生活經驗的學習歷程。不管是哪一種形態，目的都在協助社會上的成人發展潛能、學習新知、改進技術及提升專業能力，讓生活更為舒適與滿意。

成人是社會教育的主體

在台灣，早期所使用的「社會教育」一詞，主要是指學校正規教育以外，以全體民眾為對象的非正規教育活動。由於個人從小到大都受社會的影響，所以社會教育可說是終身、全民、全面的一種教育形態。由於成人是社會的中堅分子，因此成人教育是社會教育中最重要的一環。隨著社會、經濟、科技的快速發展，多元形態的成人教育是提升我國競爭力的一種方式，因此才稱成人教育為我國教育的第二條國道。

成人教育的形式

成人教育大致可分為六種：一為失學民眾提供學習讀、寫、算等基本能力的「成人基本教育」；二是以非傳統方式，如夜間、函授、空中教學等方式，提供正規教育的課程；三是職業訓練課程及專業繼續教育；四為休閒及娛樂課程；五是補充新知、豐富生活內涵的課程；六為婦女及高齡者教育等。

上述這些教育內容可透過面對面的課堂教學、通訊教學、電視廣播教學、自我學習或網路學習等多種方式來進行授課。另外，企業界常使用的教育訓練，也是成人教育中重要的教育型態。終身學習、繼續教育、回流教育、社區教育，都是各國常使用的成人教育替代詞。雖然成人教育的名稱、內容各有不同，但同樣是為離開學校的成人提供教育管道與學習機會。

成人教育相近詞彙的比較

終身教育

◆**著重教育規畫的角度**
指個人可在一生中，繼續不斷地進行有組織、有計畫的學習活動。亦即教育可貫穿人的一生，並能做人生全程的規畫。

終身學習

◆**著重學習者個人的角度**
指個人從出生至臨終的每個階段，都有權利隨時、隨處依據需求及興趣，進行有計畫或無計畫的學習活動。

↑ 構成　　　　　　　　　包含 ↓

社會教育

◆**著重教育提供範圍的角度**
泛指學校教育以外，為全體民眾實施的教育活動。包括大眾傳播媒體、社教機構、社區等對人民的教育形式與影響。

↑ 構成　　　　　　　　　包含 ↓

成人教育

◆**從學習者的身分界定**
為已經不再是全時學生，並開始擔負社會角色，如父母、配偶、工作者的成人，提供有系統、持續性的學習活動。

回流教育

◆**著重生涯中，教育與職業的輪替和延續**
指成年人能以教育、工作、休閒交替的方式，進行全時或部分時間的教育活動。

繼續學習

◆**從學習時間延續的角度**
為離開學校者所提供的各類教育活動。

非傳統教育

◆**和一般傳統教育做區分的角度**
主要是因應學習者的需求，突破傳統教育的框架、空間、時間、地點、課程順序、學分架構、教學方法而設計，是與過去不同的學習活動。

高齡化社會下的高齡者教育

依據聯合國的規定，一個國家六十五歲以上人口超過全國總人口七％以上，即為高齡化社會；十四％以上即高齡社會。台灣在民國八十二年底，六十五歲以上的人口超過七％。台灣面臨人口老化的社會現象，該如何提供再進修的管道，豐富生命並創造一個「不分年齡，人人共享」的社會，是當今社會的重要議題。

高齡者教育的需求

今日的高齡者不同於以往年代，部分的高齡者受過良好的教育，有豐富的工作經驗與人生歷練，對飲食及營養十分重視，有著健康的身體，但往往因年輕時忙於打拚，沒有接受完整的教育，期望在退休後實現追求知識的理想或培養興趣。事實上，隨著知識社會的來臨，許多高齡者除了在家含飴弄孫之外，也會有結交朋友、擴充生活圈、多學習以免跟不上社會發展的需求。因此，提供高齡者需要且適當的進修教育機會，就顯得格外重要。

高齡教育的推展

許多先進國家，已經發展符合國情文化與社會需求的高齡者學習活動，如美國的老人寄宿所活動、退休人員學習中心活動、晚年生活學習課程等；法國有專為高齡者設計的第三年紀大學；英國的高齡遠距學習；日本的高齡者教室、老人大學等。在台灣，近年來高齡者教育蓬勃發展，樂齡大學、老人大學、長青學苑、松柏學院、遐齡學院、老人活動中心等，提供高齡者內容廣泛、形態多元的教育活動，帶給社會一股活到老、學到老的終身學習氣氛。

提供給高齡者的教育，除了必須設計適合高齡者的學習課程外，學習地點交通便利，學習環境的適切性也很重要，如燈光的強度、課桌椅的高度等。一般來說，如果課程安排在白天，且是高齡者容易到達的地方，如居家附近的社區中心，或大眾交通系統易達的場所，如此高齡者參與學習的動機會更強。

真正的學到老、活到老

許多研究高齡者參與學習活動的文獻均指出，學習有助於高齡者維持健康，並讓高齡者體驗新的生活經驗與角色。高齡者教育提供老年人在晚年生活的一項新選擇，可以藉由參與學習活動，結交朋友，學習新知，這樣在家也可以與孫子或子女溝通，不至於在家無聊或產生代溝現象。同時，許多高齡者也希望可以貢獻專長再為社會付出，例如在社會大學教授母語、分享企業經營之道，或是參與志工活動，為社會盡一份心力。俗話說，家有一老，如有一寶，其實，社會有老人，才是有智慧。

世界各國對親情教育都相當重視，不少國家都設有祖父母節，在台灣亦是。台灣教育部已於九十九年八月二十九日星期日發起第一屆的祖父母節，往後固定將每年八月的第四個星期日設為祖父母節，藉以喚起重視家庭世代關係，彰顯祖父母等老人們對家庭社會的貢獻與重要性。教育部亦於此節日舉辦多項社會教育活動，藉由社會教育活動讓家庭、社會齊心關切高齡者社會的發展和需要。

以年齡為區分的教育

年齡

高齡者教育

55

教育性質
- 經營晚年生活
- 提升健康水準
- 提高生活品質
- 學習社會新知
- 學習扮演好高齡者角色
- 面對老化保持健康心態

成人教育

教育性質
- 增進職業知識與技能
- 結交朋友、擴大生活圈
- 在各年齡階段，調適與學習不同角色的轉變
- 提升公民素質

青年教育

18

青少年教育

12

兒童教育

6

幼兒教育

出生

教育性質
- 學習基本知識和能力
- 發揮潛能
- 學習對自我的認識
- 發展興趣、選擇職業
- 適應社會

沒有空間限制的遠距教育

面對二十一世紀，許多國際組織的報告中均提出，上網找尋資料、利用網路學習等是現代人必備的能力。從以前的隔空教育形態，到今日的遠距教育和數位學習模式，都架構出社會終身學習的途徑，民眾只要有需要，皆可透過上函授、空中大學、廣電媒體和網路等多種管道學習新知，擴展自己的內涵與能力。因此，培養資訊素養實為現代人進行終身學習的重要條件之一。

遠距教育的發展

傳統的教育，面對面必須正襟危坐的教學有太多的限制，為了彌補傳統教學的不足，首先發展透過書信教學的函授教育，接著透過各種傳播媒體進行的空中教育，最後發展出透過電腦網際網路進行的遠距教育、線上學習（或數位學習）等多元形態，都具備有超越時空限制與障礙的特性，讓人們受教育的形態變得愈來愈便捷。近年來，由於網際網路的發達和終身學習的廣泛需求，也讓具有時空彈性和對象普及性的遠距教育及數位學習，扮演了愈來愈吃重的角色。因此，培養資訊素養實為現代人進行終身學習的重要條件之一。

台灣推動數位學習和遠距教育

走入數位時代，台灣的教育方式隨資訊的快速發展而全面變遷。截至目前，國科會已完成第一期「數位學習國家型科技計畫」，以及「數位典藏與數位學習國家型科技計畫」。藉由政府政策將數位落實於教育體系中，促進數位典藏的發展效益和數位學習教材的需求，引導全民數位學習，縮短數位落差，提升國家在知識經濟時代的整體競爭力。

不僅國科會，教育部亦致力推動遠距教育和數位學習。除了對中小學學生和教師提出遠距教育計畫之外，也針對偏遠離島的在職教師設置線上進修課程及資訊融入教學的共享資源等計畫。在高等教育階段，則推動具有課程認證的數位學習教材、數位碩士專班試辦、數位示範課程及數位學習人才的培育等措施。並於二○○六年頒布「大學遠距教學實施辦法」，提供多元管道讓在職人員能透過數位學習提升自我成長，達到終身學習的目的。此外，政府各部會、勞工局和文建會等也架設數位學習網站，民間各類型的教育機構也如火如荼地推展數位學習方案，透過網路將遠距教學計畫的成效發揮到極致，同時達成全民終身學習的理想。

遠距教育的演進

第一代 函授學習	屬於早期遠距教育的形式，以紙本教材為主。在私校中稱為居家學習，在大學則稱為獨立學習。

↓

第二代 開放大學	例如空中大學，主要辦理成人進修及繼續教育，以紙本、廣播、電視的隔空教學為主、面授教學為輔。

↓

第三代 廣播電視 電傳會議	利用廣播電視、錄影媒體如磁碟片、錄影帶傳送課程，再透過電話、衛星或有線電視及電腦輔助學習。

↓

第四代 網路與多媒體	結合電腦、電訊傳播與網路科技的特性，整合聲音影像，可提供雙向溝通、互動的教學方式。

數位落差

數位落差指的是能夠有效使用數位產品者跟無法有效使用者之間的差距。在資訊社會中，電腦及網際網路等資訊工具的運用能力，對於個人的經濟成就及生涯發展具有關鍵性的影響力，也逐漸成為主宰貧富差距的力量。在資訊科技普及的現代，如何有效提升電腦和網路的普及率，並加強資訊運用的素養，是減緩數位落差的積極性做法。

各種遠距教育形式的比較

比較項目	函授		開放大學（空大）	衛星電視（教育頻道）	網路
	在家學習	獨立學習			
互動程度	極少	中	中	中	高
彈性程度	中	高	高	低	高
教育內容	中等以上教育和職業科目	大專以上課程	大專以上課程	●幼兒學習 ●中小學課程 ●大專以上課程	●幼兒學習 ●中小學課程 ●大專以上課程 ●各類教育
主要媒體	印刷資料、錄影帶		印刷資料、錄影（音）帶、廣播	電視、電傳會議	電腦
優點	便宜、大量		便宜、大量	大量	動態、互動
缺點	互動少、教材準備成本高、選擇種類少			互動少、不穩定性高	硬體設備成本高

凝聚居民意識的社區教育

人類無法離開社會而獨身生活，在群聚生活中，使每個居民必須與左鄰右舍產生關係，共同面對生活環境的問題，提升共同生活的品質。這裡所謂的共同生活圈，其實就是社區。隨著公民意識的抬頭，社區教育也逐漸受到重視。

社區教育的興起

由於個人在社會生活中不可能離群索居，必然會與生活周遭的人與環境有所關聯。在今日人民的教育程度、能力普遍提升之際，結社集會的認知與能力也隨之增加，公民意識日漸受到重視。因此，以社區為社會基本單位的公民意識逐步成形，透過社區的發展，不僅可以凝聚居民的感情，共同解決生活環境的問題，也可以透過社區與學校的合作，發展社區鄉土教育。善用社區內的資源、人才，不但可擴大學校教育的層面，也提供社區內居民共同學習的機會。

社區教育的形態

在終身學習的理念下，以社區為單位，利用社區活動中心，集結居民的力量，不管是發展學習型社區、成立社區讀書會或組織社區社團，都是帶動社區學習的重要途徑。常見的社區教育可分為以下三種形態：

◆**正規教育社區化**：像學區制的中、小學校園，可以成為社區民眾重要的學習資源及場所，像是推動開放教育、實施鄉土教學、辦理社區教育。事實上，生活本身就是不斷學習的歷程，因此學校教育可以擴及社區環境，例如讓學生參與社區事務，學習當個社會公民，這些生活的歷練可以使學生的學習更貼近生活。

◆**社區活動教育化**：社區的各項活動場所可設計成各式各樣的開放活動，以吸引居民參加，如：老人文康活動、婦女土風舞、兒童及青少年育樂營、媽媽教室、長青學苑、社區讀書會、社區圖書館、社區租書店、社區有線電視等，透過富有教育性的活動，讓居民寓教於樂。

◆**公共事務社區化**：許多社區的公共事務，如：治安工作、停車問題、社區公園管理、環境議題、美化工作，只要涉及社區公共事務的事項，皆可開放居民共同參與，透過此一過程，學習民主的意義、社會公民的權益，這些都是一種教育學習的體驗。

社區大學的興起

除了上述的社區學習方式，隨著社區意識的逐漸抬頭和人民公民意識的覺醒，台灣自民國八十七年成立第一間社區大學後，在短短五、六年間，已增至三十八所，各縣市均有成立社區大學，藉以帶動居民參與學習的浪潮。

社區教育的形式

正規教育社區化

學校結合社區，重視社區參與，充分利用社區各項資源，使教育符合學校、社區及學生的共同需求。

例 配合社區資源進行鄉土教學、學校和社區一同辦理活動等。

社區活動教育化

社區活動中心辦理的各類教育、文康活動。

例 婦女土風舞、青少年育樂營、長青學苑、社區圖書館等。

社區教育

公共事務社區化

公共事務開放居民共同參與和決策。

例 居民共同表決、執行社區環境的美化、治安、停車等問題。

社區大學

突破高等教育原有框架，在各縣市（地區）成立社區大學，培養具有批判思考、參與社會公共事務的公民。

例 在一般學校內設置社區大學，開設具知識性、生活藝能和社團性等課程。

活到老學到老的終身學習

中國古諺有云：「活到老、學到老」，西元前六世紀的希臘思想家梭倫也說過：「人活得愈久，學習得愈多」，古希臘時期的「派代亞」理念，主張教育是貫穿人生全程的活動。由此可知，現今所謂的終身學習理念自古即有萌發的根基。

終身學習的意義

終身學習有一個相近的詞語：終身教育，兩者常被交互使用。終身教育是從國家社會、教育機構的立場出發，而終身學習則從個人學習的立場來看，兩者都在說明，教育和學習活動是涵蓋一生的歷程。因此終身學習強調學習活動不侷限於兒童、青少年時期，也不侷限於學校內發生，而將學習活動視為是伴隨人從出生到死亡的生命全程，包括正規、非正規和非正式的學習活動，是每個人一生都可參與的學習形態。

積極被提倡的終身學習

古希臘哲人蘇格拉底曾說過：「只要我活著，我就會繼續不斷地質問與學習」。不過古希臘時期的教育，只有少數貴族才能享有，與現今全民普及的教育環境有所不同。隨著社會愈進步，教育的觀念便愈多元。二十世紀後，許多學者如：美國最具影響力的教育家杜威、英國的教育家葉克斯李、蘇聯的教育部長陸納恰爾斯基，以及美國學者林德曼、赫欽斯等人，都鼓吹教育與學習應該是終身的歷程，學習不應該在離開學校後終止。就算是以提出反學校教育的著名學者伊利胥，也認為學習不應等同學校教育，教育與學習是全民為生活所做的努力，並且可透過各種不同的途徑進行學習。

終身學習的實現

隨著科技的突飛猛進、經濟的全球化競爭，社會形態的轉變及人口結構的逐漸老化，現今知識的產量已非過往時代可堪相比。近年國際組織如聯合國、歐盟、和各國教育界均以終身學習為主要發展方向，希望培育能實現終身學習的國民。至於教育的對象，更擴及成人、老人、婦女、失學民眾等各類人口，並提供多樣的學習管道和活動讓人民參與。在台灣，終身學習也是重要的教育發展潮流，如每年一次的「終身學習列車」，由國內百家文教基金會共同辦理，提供民眾終身學習的資訊；另外，成立社區大學、加強網路學習的建置和推廣、推行家庭共學、開放大學回流教育、鼓勵大眾媒體提供教育性節目、透過社教機構（如圖書館、博物館等）提供學習機會……等，凡此都是我國在落實終身學習上的努力成果。

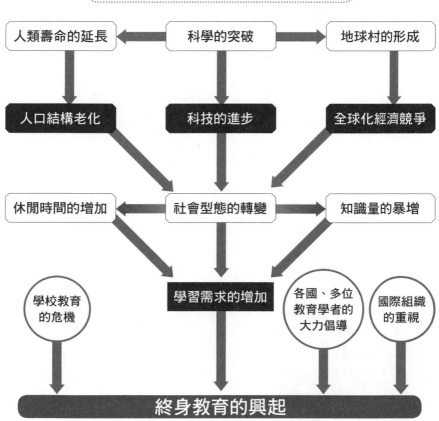

終身教育的概念如何興起？

人類壽命的延長 ← 科學的突破 → 地球村的形成

人口結構老化　　科技的進步　　全球化經濟競爭

休閒時間的增加 ← 社會型態的轉變 → 知識量的暴增

學校教育
的危機　　學習需求的增加　　各國、多位
教育學者的
大力倡導　　國際組織
的重視

終身教育的興起

終身教育觀與傳統教育觀的比較

項目	傳統教育觀	終身教育觀
思想主軸	為生活而學習	生活即學習、學習即生活
教育中心	教師	學習者
主要對象	兒童、青少年	每個人
學習場所	學校	生活情境
學習內容	既定教材	生活需求
評量方式	標準化成就評量	學習者自我評量

教育改革與願景

近幾年台灣很重要的一個社會議題，即為「教育改革」。
由於社會隨時都在變化，教育也必須隨著時代改進，因此
教育需要因應社會發展提出變革的改善方案。在台灣，從
國民義務教育、高等教育、師資培育乃至終身學習機制的
規畫，均在教育改革的範圍。教育改革不僅影響當代的學
習方向與內容，同時也影響社會的未來發展，政府、專家
固然重視，一般民眾也紛紛加入教改的討論中。
教育在現今社會已不再侷限於學校的教室中
發生，透過教改希望建構出一個人人可
學、處處可學、時時可學的學習社
會，讓每個人都能有因應未來
強大競爭的能力。

學習重點

- 為什麼要進行教育改革？
- 不同國家的教育改革有何特色？
- 我國近年重要的教育改革有哪些？
- 如何建立教育專業？
- 如何培育出一名好老師？
- 什麼是九年一貫課程？高等教育擴增有何影響？
- 學習社會的特色是什麼？

教育改革的興起與發展

在邁入二十一世紀的過程中，由於政治民主、經濟全球競爭、多元文化漸受重視以及個人主義高漲的趨勢下，各國及重要國際組織均對教育的發展提出改革與重要報告書，藉由教育改革，培育出更適合新世紀的人才與國民。

教改趨勢的興起

隨著社會發展愈來愈自由民主，個人的權利也相對受到重視。由於教育是每個人民應擁有的權利，因此教育議題引起政府與民間高度的關注。五〇年代以後，各國經濟開始起飛，國家間的競爭引發各國政府對教育的重視，紛紛注重提升學童的學習能力。其後受企業的管理和績效理念的影響，逐漸將教育導向重視績效、市場需求的角度來思考。此外，隨著科技進步、全球化世界的來臨、國際組織對終身學習的鼓吹及邁向二十一世紀的衝擊，更引發世界各國將提升國家競爭力的焦點放在教育投資和改革上，藉此培育出具備國際觀和優秀能力的公民，進而創造國家更大的競爭力。

教改的模式

依據學者的研究，總括各國教育改革的經驗，約略可歸納為四種模式：一是回應挑戰論，認為教改是因應社會變遷的一種回應方式，如：六〇年代的台灣為因應經濟起飛、人才需求的現象，乃將國民教育延長為九年。二為教育問題解決論，認為教改是當教育出現問題時，所提出的改變方法，如：一九五七年蘇聯發射人造衛星，引起美國重視科學教育落後的問題，因而積極改善。三為新知傳布應用論，因為新的教育理論提出而進行教育創新改革，像是台灣過去的數學教育多以背公式來解題，建構理論興起後，引發建構數學新教法的革新。四是主導變遷論，認為教育有主導社會變遷的能力，進行教育改革可以讓教育積極主動地引導社會向更好的一面發展。以美國為例，為了迎接二十一世紀的挑戰，美國政府在九〇年代陸續公布多項教育改革方案，以教育引導社會變遷的方向，培養更多優質的國民。

台灣教改的興起與思考

七〇年代之後，在台灣各種人文學科理論蜂湧而起，社會逐漸開放、多元，青少年問題日益嚴重，就業問題逐漸浮上檯面，國外的許多教育經驗和理論紛紛傳入台灣。及至八〇年代，台灣結束威權政治體制，進入政黨民主政治，又歷經政權輪替；科技的發展，崩解原有的市場經濟架構，也逐漸改變社會傳統的文化價值，讓政府與學術界

不得不重新深思教育與社會發展的關係。因此，台灣的教改匯集了前述四種教改模式，在國內外主、客觀因素的交錯影響下，台灣的教育改革就在民間團體的呼籲聲浪中，逐漸展開。

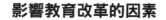

影響教育改革的因素

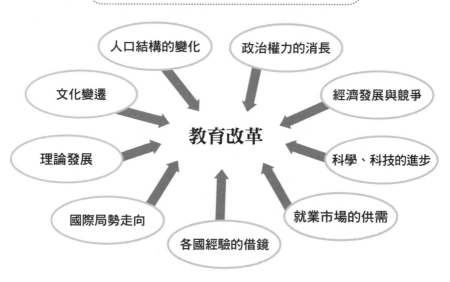

人口結構的變化

政治權力的消長

文化變遷

經濟發展與競爭

理論發展

科學、科技的進步

教育改革

國際局勢走向

就業市場的供需

各國經驗的借鏡

世界各國教育改革三大發展趨勢

七〇年代	企業管理的模式開始導入教育體系	教改重點	改革校內的教學績效、目標完成度。
八〇年代	社會各界對教育的關注提升	教改重點	強調學校對外的聯繫，滿足家長、社區、企業對教育的期待。
九〇年代	面對全球競爭、多元文化衝擊的新挑戰	教改重點	追求教育多元智能和終身教育的實現、全球化與本土化的均衡發展，及網路科技的使用技能。

各國的教改經驗

隨著經濟發展、科技進步，全球化趨勢驅動著社會脈動，為了有效提升國家競爭力，教育改革因而成為各國關注的焦點。我國教育長久以來較受美國教育發展的影響，近年來由於資訊流通快速，英國、澳洲、紐西蘭等國家的教育改革也逐漸影響我國教育。

緊扣國家發展的美國教改

二次大戰後，美國歷經三次重大的教育改革。二十世紀中期，由於蘇聯發射第一座人造衛星，震撼了美國，引發反對進步主義教育的第一波教育改革，著重提升高等教育和科技教育的品質。八〇年代，由於美國在國際中小學生學科競賽中成績過差，遂於一九八三年提出「國家在危機中－教育改革的迫切需要」教育報告書，而展開第二波教育改革，目標是提升全美中小學生的學科能力。進入九〇年代後，由於數位科技和全球化時代的來臨，為了迎接二十一世紀的挑戰，前總統柯林頓於一九九四年提出「公元二千年教育目標法案」，一九九七年再提出「邁向二十一世紀美國教育的行動策略」，引進大量標準化測驗，希望建構一個高成就標準的美國教育。

邁入二〇〇〇年，前總統布希提出以學生為教育重心的「沒有孩子落後（NCLB）」法案，希望能有效提升中小學的教育品質。二〇〇九年新任總統歐巴馬也宣示多項教育改革方案，如結合教師績效與學生成績的報酬制度、延長每學期上課天數和學習年限等，加強美國兒童的競爭力。綜觀美國的教育改革均隨著世界脈動和社會環境的變遷而調整，教育改革背後考量到政治發展和國家競爭力。

以提升整體品質為目標的英國教改

英國的教育向來以菁英教育著稱，隨著世界局勢的轉變和經濟自由化的趨勢，英國在八〇年代開始推展教育改革，包括公布國定課程，以提升學生基本學力與改進教學內容；修訂中等教育內容和方法；訂定國定課程標準和測驗等作為。透過改革，一方面推動教育市場化以提升競爭力，另一方面則是加強國家對教育的控管角色，以維護英國優良傳統和教育品質。

英國的教改相當務實，除了因應當前社會環境需求之外，更重視迎接二十一世紀所需能力的培養。例如：一九九〇年公布「二十一世紀的教育與訓練」的教育白皮書，一九九三年成立「中小學課程評量局」，一九九七年將負責職業證照的機構併入「中小學課程與評量局」，並更名為「職業證照與課

程局」，一九九九年公布「學習成功」白皮書與「關鍵能力」教育諮議書，二〇〇一年，公布「學校實現成功」白皮書，確立英國教育持續追求卓越、創新和多元的教育高品質的教改方向。二〇〇五年，教育與技能部公布「十四至十九歲的教育與技能」白皮書、「技能：馳騁職場與工作」白皮書與「所有學校都更好、更卓越」白皮書，希望全面提升學校的品質，並有效將專業知識連結學校教育，以厚植國家的競爭力。

自一九八八年教育法案頒布實施後的英國教育改革趨勢，主要呈現出教育改革權國家集中化、義務教育優先化、職業教育主流化、教育評鑑能力化等四個主要特徵。二〇一〇年大選三個主要政黨均不過半，後來由保守黨與自民黨組成聯合政府，積極推動多項教育政策，以訂定教育績效的方式控管整體教育品質。但英國的教育在愈來愈趨向自由競爭下，如何在追求教育的公平和卓越下，同時兼顧學術水準與職業需求，是英國必須謹慎思考的重要課題。

創造力教育與傳統教育的比較

	創造力教育		傳統教育	
	●老師角色 協助者、引導者	●學生角色 自律、主動	●老師角色 說教者	●學生角色 被動
核心差異	啟發並延續好奇心		抹煞並壓抑好奇心	
學習本質	強調實用、生活化		制式、與生活脫節	
時間	延伸開放		依據鐘聲、固定作息	
空間	工作坊、戶外、教室多元化		教室	
作業形態	團體		個人	
評量方式	開放式評量，以學習成果分享代替評量排名制		標準化制式測驗，依據成績排名	

實踐國家：中國上海、英國、美國等的教改。

成果驚艷全球的中國上海教改

　　中國上海的土地面積為台灣六分之一、人口數和台灣相當，二十年前中國上海積極推動教改政策，是中國大陸教育改革的先鋒，兩岸教改也幾乎同步推行。但在二〇〇九年的國際學生能力評量（PISA）中，上海十五歲中學生卻在閱讀、數學和科學三項評比中，皆獲得冠軍，遠遠領先台灣，上海教改後繳出的亮麗成績單引起了世界矚目。上海是從一九八八年展開第一次教改，以學科為主軸，強調知識的建構。但在一九九八年推動第二次教改，開始順應世界潮流，課程以學生為中心，培養學生的創新精神和實踐能力。上海教育改革重點在於：把學習主動權還給學生；建構基礎、拓展和探究兼具的課程；教材大翻新；教師能力和角色的轉型；改變以考試領導學生思考的教育迷思等。

　　上海PISA研究中心人員指出，上海的教改並非針對國際評比而進行。但成績突出的關鍵，在於上海的學校都努力追求均衡卓越，致力讓落後學生比率降至最低，更重要的是教師自身能跟著成長，在不斷追求進步的教育環境中學習，才能有卓越的學生。從上海教改經驗可知，其實兩岸的教改方向和目標雷同，但關鍵可能就在「實踐力」與「人心」！

重視課程與教學創新的紐澳教改

　　紐澳在教育改革中，特別重視課程與教學方式的革新，要求課程設計必須有趣，活用校外資源，豐富學生的學習體驗，強調教育與生活的結合，重視多元文化的平等價值。為了讓學生具備未來就業技能、與生活的適應力，紐西蘭研擬出一套「全國資格檢定制度」，打破學術教育、生活教育與職業教育的隔閡，只要習得一技之長通過檢定，即有相關資格憑證；而澳洲則提出「關鍵能力取向的教育」，培養新世紀的公民在學習、工作、生活上都有全方位的基本能力。在二〇〇八年獲得世界經濟合作發展組織的肯定，認為澳洲具有世界級的技職教育與訓練系統。

　　自一九八〇年代以來，紐澳兩國一樣採取了新自由主義取向的「鬆綁」與「市場化」教改方向，自由市場的經濟思維為紐澳帶來一連串自由開放的改革措施。但教改所追求的卓越教學品質、提升競爭力、學校績效、權力下放、回歸學校本位管理、教育權公平等名詞，卻讓教師、家長、學生，甚至整體社會感到茫然不解。尤其這其中衍生出嚴重的教育不平等問題，讓學生學習成就與實現公平正義教育機會均等這兩者之間的平衡點，成為近年紐澳兩國政府修正新自由主義教改政策的重點。

世界各國教育改革核心理念

韓國
建立知識文化強國與全人教育,伸張教育平等性與優越性。

英國
追求公平與卓越教育,培育全球性人才。

法國
強調科學革新教育,培養具有民主價值與全球競爭力的公民。

中國
建立人力資源強國。

日本
培養具實力及挑戰力的下一代,以教育文化立國,打造善良有品格的日本。

芬蘭
培養國際工作的創造性技能。

德國
致力建設全球頂尖的教育。

澳洲
培養「關鍵能力」、應用科技能力、教育訓練,重視教育的品質、公平、永續、多元。

美國
主張不讓任何一個孩子落後,建立更安全、提升學習績效的學校教育。

新加坡
重視人才培育,建立「思考型學校」、「思考型國家」。

紐西蘭
追求教育品質及教育均等,培養核心能力,提供優質創新、終身學習的教育環境。

台灣教改的第一波：民國80～90年

我國政府對教育事業一向十分關切，我國教育的基礎精神，奠基於國民政府成立以來的幾次全國教育會議中。民國八十三年後，民間掀起的教育改革聲浪，更是讓台灣教育邁向一個新的轉捩點，開始了我國十年教改至今的一條漫長道路。

歷年全國教育會議對教育的影響

全國教育會議的決議具有主導我國教育方針的作用，遷台後舉辦的全國教育會議，更是奠定了台灣近代教育發展的基礎。例如：九年國民義務教育、國民教育課程與教材、改進師資培育、推展輔導工作等，都是由全國教育會議根據當時的社會狀況及未來發展所需，透過擬定的教育政策方針，引導台灣教育的發展。

四一〇教育大遊行促使台灣教改

民國八十年開始，國內的政治、經濟、文化、思想、價值觀、社會風氣等皆呈現多元發展的趨勢，而且國人的知識水準普遍升高，對教育的要求也愈來愈高。民國八十三年，上萬民眾抱持著改變教育的期待和聲音走上街頭，掀起台灣教改第一波的「四一〇教育大遊行」，當時提出了廣設高中與大學、促進教育現代化、落實小班小校及制訂教育基本法等四大訴求。為回應民眾訴求，行政院首次成立「教育改革審議委員會」，位階與教育部相等，顯示政府的教改決心。歷經多次會議，明確指出台灣教改的五項理念：教育鬆綁，解除對教育的所有不當管制；帶好每一個學生，提供適才適性的教育；暢通升學管道，減少學子壓力；提升教育品質；以及建立活到老、學到老的終身學習社會，也由此展開台灣十年來的教改之路。

十年教改之路

為能有效回應社會大眾對教育的期許與聲音，行政院教改小組在民國八十七年提出教育改革行動方案，方案中包括十二項具體的教育改革方向與策略，包括：九年一貫課程改革、落實小班小校教學、開放師資培育多元化、教育本土化（重視母語及鄉土教學）及多元族群教育、辦理高中及大學多元入學方案、建立終身教育法制並擴增終身學習機會、倡導家庭教育理念、推動教訓輔三合一方案、籌設國立教育研究院等，這些教改措施目前也正在如火如荼進行中。

然而，十年教改至今仍受到社會大眾廣大的質疑，尤其是九年一貫課程、開放師資培育引發的流浪教師問題、多元入學方案等，更是

引發社會大眾高度的關切與批評。十年來，省思教改的回應層出不窮，如何在政治考量、教育專業和民意期待下，創造一個更優質的教育環境，實為台灣社會所引領期盼的目標。

民國八十年以來重大教改方向與落實項目

民國91年

- 91年起實施大學多元入學新方案 — 秉持公平、多元、簡單原則，採取甄選入學及考試分發入學兩種管道。
- 91學年度實施高中及高職多元入學方案暨國民中學學生基本學力測驗

民國90年

- 90年教育部發表「大學教育政策」白皮書
- 90年逐步實施九年一貫課程改革

民國87年

- 87年教育部公布九年一貫課程綱領、七大領域
- 87年第一所社區大學（文山社大）成立
- 87年教育部提出「邁向學習社會」白皮書 — 首度提出具體的教改措施。
- 87學年度起推動小班小校教學精神發展計畫
- 87年行政院提出「教育改革行動方案」，實施學年度：88~92年度

民國85年

- 85學年度起推行「綜合高中」 — 綜合提供高中、高職課程，給學生多元適性的課程選擇。
- 85年教科書開放審定制
- 85年行政院教改審議委員會「教育改革總諮議報告書」 — 提出教育鬆綁、帶好每個學生、暢通升學管道、提升教育品質、建立終身學習社會等教改的基本方針。

民國84年

- 84年教育部頒布「教師法」，確立教師專業地位
- 84年教育部提出「中華民國教育報告書：邁向二十一世紀的教育遠景」 — ●教材更新 ●師資培育開放 ●大學自主

民國83年

- 83年行政院首次成立「教育改革審議委員會」
- 83年四一〇教育改造聯盟提出「民間教育改造藍圖」的四大訴求
- 83年召開第七次全國教育會議，提出未來教育發展方向
  - ●推動多元教育 ●提升教育品質 ●開創美好教育遠景
  - ●小班小校 ●廣設高中、大學 ●教育現代化 ●制訂教育基本法

183

民國九十年開始，台灣開始進入教育改革的高峰。這些年來台灣的教育改革如火如荼地進展，其中有突破性發展、也引發激烈批評。教改這些年來，激發了社會大眾對教育的關心，而教育改革的成效，還有待時間驗證。

教改政策的推展

自民國八十三年的「四一○教育大遊行」，讓行政院看到社會大眾對教育的期許，進而於民國八十六年提出教育改革行動方案回應大眾，主要有三大方向：

一、**教育鬆綁**：主旨在調整政府對教育權限的過度管制。此項政策首先以大學自主、教授治校為主軸，讓大學脫離中央教育部門的掌握，自行決定大學教育事務。並修訂師資培育法，讓各大學得以參與培育中小學師資的工作，由〈教師法〉來規範教師的權利和義務。透過教育憲法的位階，來保障相關教育法規，也象徵我國教育正式邁向民主與現代化。

二、**暢通升學管道**：教改最大的目的在於減緩學子的升學壓力，因此教改政策採取三種層面著手：一是擴充高等教育入學機會，達到人人有大學念的理想；其二逐年提升高中比例，推行高中職優質化，讓學生就近入學；其三，實施多元入學方案。自二○○一年起高中職五專的入學以國中基本學歷測驗成績為依據，採成績分發、甄選入學與申請入學三種管道並行。從一九九四年開始，部分大學入學採取推薦甄選，到二○○二年大學入學已改採考招分離及多元入學方案。

三、**提升教育品質**：教育部自二○○一年實施九年一貫課程，實施學校本位課程，強調課程統整與協同教學。調降國中小班級人數為三十五人以下的小班制。為了推動十二年國教一貫課程，已完成修訂並實施各教育階段的課程綱要。當前，教育部正啟動第二波十二年一貫課程體系工程，由國家教育研究院負責研討商議，通過教育部後預定在民國一○二年完成各教育階段核心素養，民國一○三年完成K-12年級一貫課程體系指引。

教改之路的檢討

世界各國從一九八○年代年代以來在政府組織再造過程中，都將焦點置於教育改革之上。相較許多國家的改革經驗，台灣教育改革範圍過度廣泛，再加上台灣政局長久以來的對立與衝突，教改的決策過程始終受到社會大眾批評與質疑。其實教改的成敗與否，最大關鍵不在政策，而是觀念；應調整的不只是「制度」，還有社會大眾的「心態」。最近，許多歐

盟國家也逐漸以「優質教育」、「教育發展」等名稱取代過去的「教育改革」一詞，減少詞意上的負面印象。教改的決策者應有如此體認，如果教師、基層教行人員、家長、學生或社會大眾無法調整對教育的心態，再好的決策也是「事倍功半」，甚至可能因過於理想而遭受更大的批評。

民國九十年之後重大教改大事紀

民國100年
- 100年宣布啟動十二年國民基本教育
- 100年年公布＜幼兒教育及照顧法＞，開始施行「幼托合一」
- 100年發布「原住民族教育政策白皮書」

> 幼稚園及托兒所改制為幼兒園

民國99年
- 99年學年度起實施「5歲幼兒免學費教育計畫」
- 99年公布「性別平等教育白皮書」
- 99年8月召開第八次全國教育會議，擬訂「中華民國教育報告書」

民國98年
- 98年在國中基本學力測驗結束當天發起「七一二我要十二年國教」大遊行

民國97年
- 97年教育部發表「中小學資訊教育白皮書」

民國95年
- 95年公布「邁向高齡社會老人教育政策白皮書」

> 由全國家長團體聯盟、中華民國教育改革協會、人本教育基金會等民間團體組成「我要十二年國教聯盟」所發起。

民國94年
- 94年公布「藝術教育政策白皮書」
- 94年由實習教師與流浪教師發起「拯救國教大遊行」
- 94年「財團法人高等教育評鑑中心基金會」成立
- 94年教育部推動「發展國際一流大學及頂尖研究中心計畫」

民國93年
- 93年公布＜性別平等教育法＞，發布「品德教育促進方案」

民國92年
- 92年9月召開「全國教育發展會議」
- 92年公布＜家庭教育法＞「科學教育白皮書」
- 92年民間發表「教改萬言書」，並發起「重建教育連線」及「終結教改亂象，追求優質教育」全民連署行動
- 92年初教育部下令，規定不再獨尊建構式數學

民國91年
- 91年公布「創造力教育白皮書」，頒布「高中職社區化推動工作計畫」
- 91年訂頒＜終身學習法＞

教育專業的建立

「教師工作是否為一項專業？」這在國內、外一直是爭議不休的問題。一九六六年聯合國教科文組織在國際教育會議上通過，要改善教師地位和工作條件的策略首推「專業化」。因此，將教學工作專業化，是近年來歐美先進國家為提高教師地位與教師素質所採行的主要策略。

何謂教師專業？

在台灣，受到儒家文化尊師重道的影響，教師一直擁有極高的社會地位與評價，似乎不太需要以專業來定位教師的工作。但隨著經濟發展、職業分工，對人才專門化的要求相對提高，於是社會興起專業化的趨勢，教師是否屬於專業工作者也引發社會及學術界的討論。一般來說，所謂的專業，有下列幾點重要的指標：具有該行業獨特的知識與技巧、這些知識與技巧必須經過長期的專業教育而獲得；並且有專業組織，該專業人員在實務上有專業自主權；能夠持續進修；符合該職業團體的倫理信條，並肩負該行業的榮譽感及責任感。因此，為了建立教師在現今多元化社會的專業地位，透過法令、教育及培育方式等途徑，逐步建立教師的專業地位。

推動教師專業化的措施

世界各國為發展教師在社會上的的專業地位與形象，莫不盡力推動以下措施：

一、將教師必備的知識予以系統化：八〇年代，教學專業化運動倡導提高師資培育學程的入學標準。在台灣，年輕學子想當老師，必須通過大學內部的教育學程甄試，修畢規定課程，並通過實習、考試……等程序，經過有系統化的教師培育過程，才能取得正式教師的資格。

二、建立教師專業組織或團體：專業工作者的權利與義務並非隨著工作本身即會產生，而是透過專業團體經過遊說、發起社會運動、推動立法等政治過程而獲得的，因此像英國有全國教師聯盟；美國有全國教育協會、美國教師聯合會等兩大教師專業組織；日本影響最大的則為日本教職員組合，簡稱日教會。在國際上，有世界教師組織聯合會（WCOTP）。而在台灣，除了各類教育的專業學會外，還有全國教師協會。

三、建立教師倫理信條：教師專業包含了對社會服務不求回報的奉獻精神，同時，為了保障學生的權益，教師必須遵守倫理規範與道德要求，約束自身行為的準則，同時透過其表現行為爭取社會的尊重與認可。

四、加強教師終身學習：目前

各國都非常重視教師的終身學習，因為只有教師不斷進修、增進素養，才能跟上時代的變遷，同時教導學生落實終身學習的觀念。

透過專業化提升教育自主權

在我國教改的策略中，希望透過專業課程、進修制度、評鑑機制、組成團體等相關措施來建立教師的專業形象，進而提升教師的地位，建立教育專業自主權。然而近年來，愈來愈多的問題教師浮出檯面，而教師也逐漸關注自己的權益問題。如何加強教師的專業內涵與形象，進而提升教師在社會的地位，仍有待努力達成。

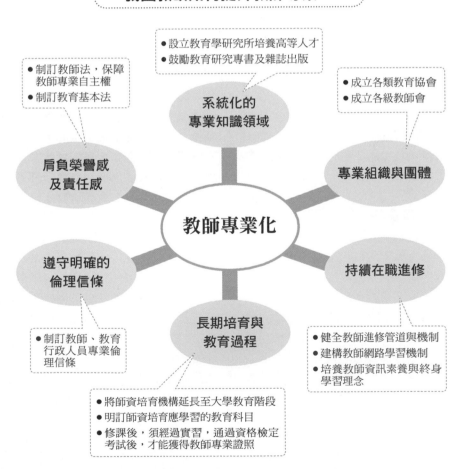

我國教改如何提升教師專業？

- 設立教育學研究所培養高等人才
- 鼓勵教育研究專書及雜誌出版

- 制訂教師法，保障教師專業自主權
- 制訂教育基本法

- 成立各類教育協會
- 成立各級教師會

系統化的專業知識領域

肩負榮譽感及責任感

專業組織與團體

教師專業化

遵守明確的倫理信條

持續在職進修

- 制訂教師、教育行政人員專業倫理信條

長期培育與教育過程

- 健全教師進修管道與機制
- 建構教師網路學習機制
- 培養教師資訊素養與終身學習理念

- 將師資培育機構延長至大學教育階段
- 明訂師資培育應學習的教育科目
- 修課後，須經過實習，通過資格檢定考試後，才能獲得教師專業證照

台灣中小學教師的培育與任用

身負教育百年大計重任的即是教師，因此教師的培育是非常重要的一環。培育師資的機構，最早是出現在十八世紀的奧地利與日耳曼地區，台灣的教師培育機構則是一八九六年才開始，從早期由專門學院培育教師、到現在開放師資培育課程，教師的培育和任用方式也產生了改變。

師資培育的內容重點

對於教師培育，一直有不同的理論取向，例如：堅持以任教科目的學識教育為主的學術取向、強調教師心理與態度的個人取向、著重教學行為的技術取向、類似學徒制培養教師的實務取向、或是培養教師參與公共事務的批判社會取向。現今的教師培育過程，是包含上述面向所共同構築的培育過程，必須修習教育理論基礎、教育研究及教育實務等課程。如果只偏頗一面，教師的能力就不適合現今複雜社會的發展所需。

我國師資培育的發展

台灣最早的教師培育出現在一八九六年的日治時代，當時日本政府將國語學校改制為台北師範學校、國語學校台南分校改為台南師範學校，專門培育初等教育的師資。隨著時代演進，台灣社會日益進步、經濟實力增強，對於教師的能力與需求也逐漸提高，原先培育初等教育師資的師範學校改制為師範專科學校，再改制至師範學院。而為了實施九年國民教育，提升中學教育和師資水準，陸續於民國五十七年後改制成立師範大學，由國內三所師範大學（台灣師大、彰化師大、高雄師大）來培育中等教育的師資。直到民國八十三年師資培育開放後，大專院校只要經教育部審核通過，即可開設教育學程，培育中小學、幼稚園及特教師資。

我國教師任用的轉變

由於教師培育的開放，也使教師任用產生改變。以往教師任用的來源，只有師範畢業生；如今，除了師範體系，還有大專院校教育學程培育的教師。以前只要實習就可以取得教師證，在教師培育法修訂後，修完教育學分並參加實習後，必須通過國家檢定考試，才能取得教師證書。再者，取得教師證書的老師，以往是派任制，八十四年教師法頒布後改為聘任制，也對教師系統產生極大衝擊，引發「流浪教師」的問題。所以，教師的培育和任用如何才能取得平衡，仍是目前我國教育的重點議題之一。

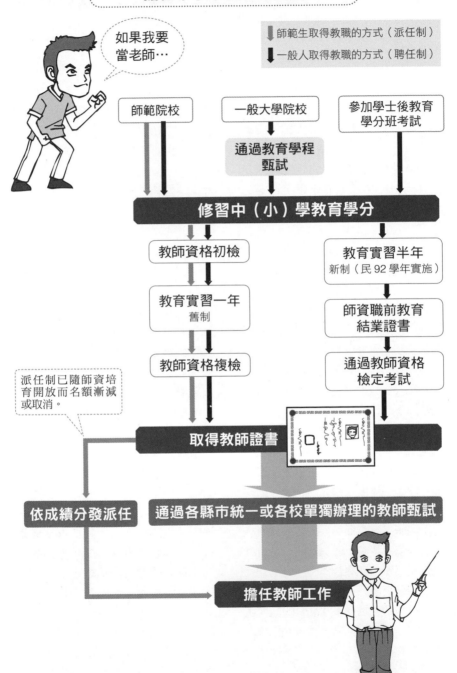

擔任中小學教職流程圖

如果我要當老師…

▮ 師範生取得教職的方式（派任制）
▮ 一般人取得教職的方式（聘任制）

師範院校　　一般大學院校　　參加學士後教育學分班考試

通過教育學程甄試

修習中（小）學教育學分

教師資格初檢　　　　　教育實習半年　新制（民92學年實施）

教育實習一年　舊制　　　師資職前教育結業證書

教師資格複檢　　　　通過教師資格檢定考試

派任制已隨師資培育開放而名額漸減或取消。

取得教師證書

依成績分發派任　　通過各縣市統一或各校單獨辦理的教師甄試

擔任教師工作

國教向下延伸與十二年國教

九○年代迄今的教改，引起台灣社會大眾對教育最多討論的就是國教的延伸、課綱的修訂實施及高等教育的發展。但在實現教育理想的過程中，仍須配合社會發展與國民期待持續討論並調整修正。

國教向下延伸

在掀起台灣教改的「四一○教育大遊行」，雖無針對學前教育的訴求，但是在民國八十七年行政院考量提升台灣的整體教育之下，已通過〈教育改革行動方案〉將普及幼稚園教育納入教改計畫，經過推動五年為期的「發展與改進幼兒教育中程計畫」，期間並成立「幼托整合推動委員會」對全國幼教普查，逐步建立優質的學前教育。民國九十二年推行將國教向下延伸一年至五歲幼兒，制度採非義務化、非強迫性的民主機制。民國一○○年，修正〈幼稚教育法〉並公布〈幼兒教育及照顧法〉，做為國教向下延伸的法源基礎。

當前國教向下延伸有兩項具體實踐政策：第一為民國九十九年頒布的「五歲幼兒免學費教育計畫」與民國一○○學年度起擴大至全體五歲幼兒。就讀公立園所免繳學費，讀私立合作園所，每名幼兒入學每學期最高補助一萬五千元；弱勢家庭可免費就讀公立園所，私立合作園所每名幼兒每學期最高補助三萬元。第二為避免同年齡的幼兒接受不同品質的教保服務，歷經十四年推動歷程，幼托整合法案終於在民國一○○年三讀通過正式施行，幼稚園及托兒所改制為幼兒園，均可招收二歲至入國民小學前幼兒，朝優質化學前教育邁進。

十二年國民基本教育

十二年國教，全名為「十二年國民基本教育」，是政府回應台灣社會對教育改革的最重要政策之一：目的在於改善升學主義及教學扭曲現象。自民國一百年總統揭示將自民國一○三年開始實施「十二年國教」迄今，十二年國教已於台灣實施近十年。但這十年，台灣的家長卻因為十二年國教而越趨緊張和焦慮。十二年國教基本上分為兩大階段：前九年為國民義務教育、後三年為高級中等教育。十二年國教重視以學生中心的教學，尊重學生與家長的教育選擇及參與權，不強迫入學。受教育，是學生的權利而非義務。希望透過適性教育，讓每個學生潛能都能獲得開展，國民的教育素質能普遍提升。然而在此立意良善的教育政策之下，卻因實施倉促，缺乏完整的配套措施，加上升學制度不斷調整，讓學生與家長無所適從。延長國民義務教育年限，是各國政府體現提高國民整

體素質的重要教育政策之一，基於此，政府更因全面的建構完整的配套措施，才能完整的打造下一代的競爭力。

十二年國民基本教育概念圖

十二年國教育願景架構圖

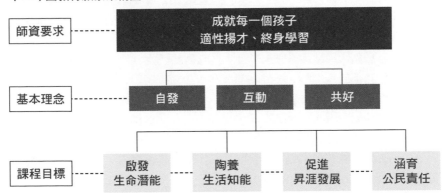

```
師資要求 ------ ┌─────────────────────────┐
              │      成就每一個孩子        │
              │    適性揚才、終身學習       │
              └─────────────────────────┘

基本理念 ------ ┌───────┐    ┌───────┐    ┌───────┐
              │ 自發  │    │ 互動  │    │ 共好  │
              └───────┘    └───────┘    └───────┘

課程目標 ------ ┌───────┐  ┌───────┐  ┌───────┐  ┌───────┐
              │ 啟發  │  │ 陶養  │  │ 促進  │  │ 涵育  │
              │生命潛能│  │生活知能│  │昇涯發展│  │公民責任│
              └───────┘  └───────┘  └───────┘  └───────┘
```

	───────────── 十二年國民基本教育 ─────────────		
幼兒園	國小	國中	高級中等學校（含五專前三年）
6	12	15	18
學前教育普及 5歲免學費 非強迫入學	九年國民教育普及 免學費 強迫入學 免入學考試		高級中等教育普及 一定條件免學費 非強迫入學 免入學考試為主

＊學前教育不納入國民基本教育，但採分階段免學費補助。

國民教育推展目標

自民國八十八年制定的「教育基本法」，首度以「國民基本教育」定義國民教育的五大特質：全民、公共、義務、免費、均等。當前推動的十二年國民教育亦是九年國民教育的延伸，指的是非強迫入學（非義務），希望能達到普及入學逐年能提升至百分之百，並經由政府補助與國民權利來落實低學費入學與免試入學。

九年一貫課程與一○八新課綱

課綱，全名為課程綱要，是制定學校課程教學、教科書與升學考試的重要依據。課程綱要，是台灣中小學教育的核心骨幹，從九年一貫課程發展至一○八課綱，每次的改變都牽動所有學生家長的注視與關切。

九年一貫課程的昨是今非

九年一貫課程改革起源於民國八十三年「四一○教改大遊行」的訴求，當時基於廣大民意及國家未來發展所需，教育部於八十九年公布「國民中小學九年一貫課程綱要」。自民國五十七年開始實施九年義務教育以來，雖然有九年一段課程的理念提出，但一直流於概念化。民國八十七年九月所公布的「國民教育階段九年一貫課程總綱綱要」，一舉打破了國民小、中學的界限，以一至九年級的課程做整體規畫。以「能力本位」取代「學科知識本位」，將小學原本十一科、國中二十一科的分科學習改成七大學習領域，並在課綱中設立能力指標。

民國九十年起實施的九年一貫課程，是教改呼聲下的產物，應該是符合社會大眾對教育改革未來發展的深切期待。然自民國九十學年度（二○○一年）國小一年級開始推行至今，卻引發社會各界大力的抨擊與家長的質疑聲浪。其中提出的質疑點在於：師資培育跟不上課程變革，教師適應困難；九年一貫不連貫，國中小課程不銜接；學童國語與數學程度有下滑趨勢，台灣的教育水準到底是上升還是下降？

教改應是呼應社會大眾對教育期待而提出的整體教育政策與完整配套措施，而且是一直不斷修正與調整的動態歷程。

一○八新課綱

「十二年國民基本教育課程綱要總綱」於一○三年十一月發布，各領綱陸續發佈，並於一○八年八月（一○八學年度）正式上路，因此又稱為「一○八課綱」。此課綱是台灣第一次將十二年國民教育連貫發展，十年的籌備時間，經歷無數的專業對話，不斷精進，期望為台灣的課程發展奠定良好的基礎。

一○八課綱課程類型區分為二大類：「部定課程」與「校訂課程」。部定課程由國家統一規劃，養成學生的基本學力，奠定適性發展的基礎。校訂課程由學校安排，以形塑學校教育願景及強化學生適性發展。一○八課綱以「核心素養」做為課程發展的主軸，以落實課綱的理念與目標，也兼顧各教育階段間的連貫以及各領域／科目間的統整。相較於前述《九年一貫課程總綱》的彈性及統整的學生取向課程架構，《十二年國教課程總綱》明顯轉向學科取向課程架構。

　　「核心素養」是指一個人為了適應現在生活及面對未來挑戰，所應具備的知識、能力與態度。核心素養強調學習不局限於學科知識及技能，而應關注學習與生活的結合。一〇八課綱甫實行上路，社會各界及家長都在觀望究竟這次的課綱是否可以完整實現教改的理想。

9年一貫課綱 VS.12年國教課綱

9年一貫	12年國教課綱
課程理念：能力導向	課程理念：素養導向
•七大領域	•八大領域
•「自然與生活科技」合一	•分為「自然科學」及「科技」領域
•節數採彈性比例制	•節數固定制
•彈性學習「節數」，其使用無明確規範	•有明確規範
•重大議題設置課綱	•重大議題融入各領域
•低年級「生活課程」與「綜合活動」分設	•低年級「綜合活動」融入「生活課程」
•各領域學習階段劃分不一	•各領域學習階段統一劃分
	•增設「新住民語文」

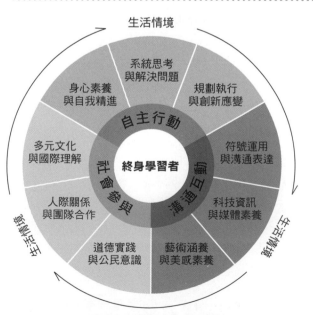

核心素養的內涵（三面九項）

193

高等教育的擴張與困境

高等教育的競爭力牽動國家未來的發展，是不容忽視的重要議題。因此，台灣教育改革近三十年來，從「廣設大學」到「大學整併」都是台灣高等教育重要的議題。

高等教育的擴增

民國三十八年遷台時，台灣只有一所大學與三所獨立學院，大學生僅有五千餘人。半世紀後，台灣的高等教育院校高達一百五十幾所，大學生總數超過六十五萬人以上。可知，台灣高等教育的發展模式似乎朝著 Trow（1973, 2000, 2006）提出的「菁英型－大眾型－普及型入學模式（elite-mass-universal access model）」而發展。但，這其中的發展卻隱藏著台灣社會對高等教育改革的眾多期待與影響。

一九九四年四月民間成立四一〇教改聯盟，倡議「廣設高中、大學」。為回應教育改革團體的需求，教育部自一九八六年開放私校申設、一九九四年修訂大學法、一九九六年起推動技術學院升格，一連串的高等教育開放措施，致使高等教育數量和學生人數都明顯快速增加，似乎積極回應了提升學生在台灣接受高等教育機會的教改訴求。然而，高教擴張在增加就學機會的同時，隨著社會發展也逐漸出現質疑與反思聲浪。

台灣高等教育的未來

高等教育的目的在於為未來國家競爭力爭取優勢，因此高等教育的數量不是主要問題，重點在於高等教育的素質。台灣的高等教育改革至今，究竟面臨哪些困境？首先，在廣設大學的過程中，各所大學辦學的理念大多不曾經過仔細的討論，致使每所大學都以能成為綜合性研究型大學為辦學目標。但經過這些年，高等教育畢業生卻出現「學用不符」的現象。面對全球化競爭，台灣的高等教育應符合社會多元的需求，設立不同層次的大學系統，才能訓練出不同層次的人才。讓不同類型的大學在其特色範疇上追求卓越，這樣才能培育各類型的多元性人才。因此，台灣的高等教育當務之急是需將各大學以合理的方式加以分類。

台灣高教面對的第二個問題是如何培育二十一世紀社會所需的高級人才。但普設大學加上大學入學方式的改革，大學高中化、入學門檻降低，導致學生素質低落；少子女化的衝擊造成招生不足的窘境，這些都引發台灣對高等教育素質的質疑聲浪。雪上加霜的是，高等教育尚有經費嚴重不足、教師年齡分配結構錯誤、缺乏前瞻發展性等問題存在。

二十一世紀是以知識掛帥的時代，以知識經濟為主的環境，高

等教育在這關鍵的時刻，唯有大刀闊斧採取具體而有效的策略：如積極整併、調整師資結構、精進教學品質、加強產學合作等，才能擺脫目前的困境，讓高等教育維持競爭力，國家未來的發展才有希望！

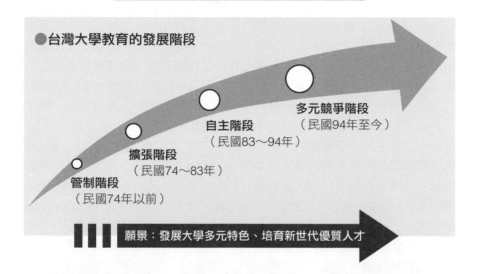

台灣高等教育願景圖

● 台灣大學教育的發展階段

多元競爭階段
（民國94年至今）

自主階段
（民國83～94年）

擴張階段
（民國74～83年）

管制階段
（民國74年以前）

願景：發展大學多元特色、培育新世代優質人才

迎向未來	連結在地	接軌國際
• 培養學生跨域整合能力 • 創新翻轉教師教學模式	• 善盡大學公共社會責任 • 整合資源促進地方發展	• 引領大學發展優勢領域 • 展現多元國際競爭特色

多元型態的高等教育

1 研究型大學 → 以深度研究、研發為主

2 教學型大學 → 以鑽研學術知識、教學為主

3 科技型大學 → 以專業科技、技術教育為主

4 社區型大學 → 開放高等教育、服務社區為主

5 遠距型大學 → 以隔空、網路等方式進行終身學習

教育願景——終身學習社會的實現

全球歷經五零年代的復甦、六零年代的自由、七零年代的開放、八零至九零年代科技化，邁入二十一世紀的全球化，各國都在反思學校教育是否符合未來全球發展、國家競爭力的需求。面對不斷的變遷與全球的競爭，台灣的未來教育藍圖是否可以跟上全球的脈動？

終身學習社會的興起

學習社會理念的提出，首推美國學者赫欽斯，他於一九六八年出版《學習社會》一書，認為社會應朝向全體成員透過學習充分發展能力為目標的社會。聯合國教科文組織的國際教育發展委員會也在一九七二年提出「學會發展：教育的今日與明日世界」報告書（又稱法爾報告書），其中特別強調終身學習與學習社會兩個理念與價值。

之後，聯合國教科文組織的二十一世紀國際教育委員會在一九九六年提出「學習：內在的財富」報告書，指出邁向二十一世紀，人類社會將面臨一連串的衝擊與挑戰，教育雖非萬能鑰匙，卻是使人類朝向和平、正義與自由的主要手段。書中並指出，學習社會必須讓人們學會五種基本能力：學會認知、學會做事、學會與人相處、學會發展以及學會適應，才有能力面對新世紀的挑戰。這份報告書一推出後，世界各國無不致力營造終身學習的環境，透過教改發展學生的基本能力，讓每個人都能具備「學習如何學習」的能力，以提升國家競爭力。

教育二〇三〇

面對二十一世紀高度競爭的全球化時代，知識的學習無法侷限於學校體制內。有鑑於傳統教育已不足以應付時代變動，聯合國提出「終身學習」與「優質教育」的教育願景。

聯合國教科文組織（UNESCO）二〇一五年於韓國仁川舉辦二〇一五年世界教育論壇，發表「仁川宣言」（Incheon Declaration），揭櫫西元二〇三〇年全球教育的未來樣貌。簡言之，為「實現包容與公平的全民優質教育和終身學習」提出邁向二〇三〇的教育新願景。這個願景除了更強調各項人類平等，如種族與性別平等的價值觀外，也強調教育系統應構築在知識、態度與技能的基礎上，以因應世界潮流培育具備終身學習力的世界公民。

民國八十七年，台灣為實現「推展終身學習、建構學習社會」的教育願景，推動一連串的教改計畫：如設立社區大學、加強回流教育、大學多元入學管道等。同年教育部也推出「邁向學習社會」白皮書，希望透過規劃讓實踐終身

學習的學習社會能成為台灣迎向二十一世紀的願景。因應世界變化及二十一世紀世界公民的需求，台灣於民國一○三年實施十二年國教。民國一○八年實行的新課綱，以終身學習者為核心概念，藉由培養學生具備所謂三面九向度的核心素養，在生活情境中，能夠自主行動、溝通互動與社會參與，成為具備跨域學習力的終身學習者，面對新世代的問題，解決問題。

世界教育二○三○年的新願景是「通過教育改變人生」，期望台灣透過十二年國教及新課綱的改革，加上終身學習社會的願景引導，為未來人力發展扎根，達成聯合國永續發展目標中「確保包容和公平的優質教育，讓全民終身享有學習機會」之教育願景。

學習社會的概念

確保所有青少年完成免費、公平及優質的小學和中學教育，並獲得有效的學習成果。

確保所有學習者獲得必要的知識和技能以促進可持續發展，確保教育為可持續的生活方式、人權、性別平等、促進和平和非暴力文化的發展、文化多樣性及可持續發展做出貢獻。

確保所有兒童接受優質的兒童早期發展、保育及學前教育，從而為初等教育做好準備。

聯合國2030教育願景

1.包容與公平的優質教育
2.全民享有的終身學習

確保所有青年和絕大部分成年人實現讀寫和計算能力。

確保所有人負擔得起優質的職業技術教育和高等教育。

消除教育上的性別差異，確保殘疾人、原住民和弱勢兒童等弱勢群體享有平等接受各層次教育和職業培訓的機會。

全面增加擁有相關技能的人員數量，該技能包括為就業、獲得體面工作及創業的職業技術技能。

1. 《天下雜誌》編輯部（1995）。〈1995年度特刊：另一種價值的選擇─紐澳專輯〉。台北：天下雜誌。

2. 中華民國成人教育學會編印（1995）。《成人教育辭典》。台北：中華民國成人教育學會。

3. 王家通主編（1995）。《教育導論》。高雄：麗文。

4. 王家通主編（2003）。《各國教育制度》。台北：師大書苑。

5. 朱敬先（1997）。《教育心理學─教學取向》。台北：五南。

6. 林生傳（1997）。《教育社會學》。高雄：復文。

7. 林玉體（1992）。《西洋教育史》。台北：文景。

8. 周祝瑛（2000）。《他山之石─比較教育專題研究》。台北：文景。

9. 邱兆偉主編（1996）。《教育哲學》。台北：師大書苑。

10. 胡夢鯨（1997）。《終生教育典範的發展與實踐》。台北：師大書苑。

11. 秦夢群（1997）。《教育行政─理論部分》。台北：五南。

12. 秦夢群（1997）。《教育行政─實務部分》。台北：五南。

13. 高廣孚（1992）。《西洋教育思想》。台北：五南。

14. 教育部全球資訊網（2006）。http://www.edu.tw/

15. 陳李綢、郭妙雪（1998）。《教育心理學》。台北：五南。

16. 陳奎熹主編（1999）。《現代教育社會學》。台北：師大書苑。

17. 郭齊家（1997）。《中國教育思想史》。台北：五南。

18. 黃光雄、王培光、曾火城、楊自強合著（1991）。《教育概論》。台北：空大。

19. 黃光雄主編（1996）。《教育導論》。台北：師大書苑。

20. 黃光雄主編（1998）。《教育概論》。台北：師大書苑。

21. 黃富順（2000）。《成人教育導論》。台北：五南。

22. 黃富順主編（2003）。《比較終身教育》。台北：五南。

23. 張春興、林清山（1997）。《教育心理學》。台北：東華。

24. 張春興（2000）。《現代心理學》。台北：東華。

25. 詹志禹、鄭同僚、楊順南等合著（2000）。《探索教育》。台北：台灣書店。

26. 詹棟樑（1995）。《現代教育思潮》。台北：五南。

27. 詹棟樑（1999）。《教育哲學》。台北：五南。

28. 溫明麗譯、Wilfred Carr原著（1996）。《新教育學》。台北：師大書苑。

29. 楊思偉、沈珊珊編著（1996）。《比較教育》。北縣：空大。

30. 趙美聲、陳姚真編譯。M. G.Moore & G. Kearsley 原著（1999）。《遠距教育─系統觀》。台北：松崗電腦。

31. 鄭燕祥（2004）。〈教育改革三大浪潮：內部、外界和未來〉。第十屆海峽兩岸暨港澳地區教育學術研討會專題演講，2004年12月17-18日。 http://www.ied.edu.hk/cird/doc/speeches/17-18dec04.pdf

32. 蔡培村主編（1996）。《學校經營與管理》。高雄：麗文。

33. 歐陽教主編（1996）。《教育概論》。台北：師大書苑。

34. 歐陽教、陳奎熹、楊思偉主編（1998）。《教育學入門》。台北：商鼎。

35. 蔡義雄、林萬義、陳西臣、呂祖琛、何福田著（2000）。《教育導論》。台北：心理。

國家圖書館出版品預行編目資料

圖解教育學/張淑娟著. -- 修訂二版. -- 臺北市：易博士文化, 城邦文化
事業股份有限公司出版：英屬蓋曼群島家庭傳媒股份有限公司城邦
分公司發行, 2021.06
　　面；　公分
ISBN 978-986-480-142-8(平裝)
1.教育

520　110002452

Knowledge BASE 105

圖解教育學【修訂版】

作　　　　者	／張淑娟
企 畫 提 案	／蕭麗媛
企 畫 執 行	／賴靜儀、王易新、林荃瑋
企 畫 監 製	／蕭麗媛

業 務 經 理	／羅越華
總 編 輯	／蕭麗媛
藝 術 總 監	／陳栩椿

發　　行　　人／何飛鵬
出　　　　版／易博士文化
　　　　　　　城邦文化事業股份有限公司
　　　　　　　台北市中山區民生東路二段141號8樓
　　　　　　　電話：(02)2500-7008　傳真：(02)2502-7676
　　　　　　　E-mail: easybooks@cite.com.tw
發　　　　行／英屬蓋曼群島商家庭傳媒股份有限公司城邦分公司
　　　　　　　台北市中山區民生東路二段141號2樓
　　　　　　　書虫客服服務專線：(02) 2500-7718、500-7719
　　　　　　　服務時間：週一至週五上午09:30-12:00；下午13:30-17:00
　　　　　　　24小時傳真服務：(02) 2500-1990、2500-1991
　　　　　　　讀者服務信箱：service@readingclub.com.tw
　　　　　　　劃撥帳號：19863813
　　　　　　　戶名：書虫股份有限公司
香 港 發 行 所／城邦（香港）出版集團有限公司
　　　　　　　香港灣仔軒尼詩道235號3樓
　　　　　　　電話：(852) 2508-6231　傳真：(852) 2578-9337
　　　　　　　E-mail：hkcite@biznetvigator.com
馬 新 發 行 所／城邦（馬新）出版集團　Cite (M) Sdn Bhd
　　　　　　　41, Jalan Radin Anum,Bandar Baru Sri Petaling, 57000 Kuala
　　　　　　　Lumpur,Malaysia.
　　　　　　　電話：(603) 90578822　　傳真：(603) 90576622
　　　　　　　E-mail：cite@cite.com.my

美 術 編 輯	／陳姿秀
內 頁 插 畫	／溫國群
封 面 構 成	／陳姿秀
製 版 印 刷	／卡樂彩色製版印刷有限公司

■2012年10月30日　增訂1版
■2021年06月24日　修訂2版
ISBN 978-986-480-142-8

定價350元　HK$117